**ISPPREF**
**ISTITUTO DI PSICOLOGIA E PSICOTERAPIA**
**RELAZIONALE E FAMILIARE**
**NAPOLI**

# Tesi  in  Counselling

## Corso biennale di formazione

# METAFORIZZANDO

## METAFORIZZANDO

Ti racconto una storia: la mia storia …..ascoltala! Ti regalo un libro: il mio libro …. leggilo!

Una costellazione di metafore brilla nell'universo delle sue pagine, illuminando i luoghi dell'anima: il nido spezzato, lo sfratto della lumaca, l'imprenditore dei sentimenti, la testa di cemento, l'anziano corvo, il pesce grasso…..

E' un'opera autobiografica e al tempo stesso un saggio di narrativa introspettiva.

Ho scelto un nome emblematico per la protagonista: Vera, perche' a un certo punto del suo vissuto, perfettamente coincidente con il mio, conquista il trofeo dell'autenticita', lo stesso trofeo che io stessa ho meritato per aver raggiunto un ottimo livello di autoconsapevolezza, in seguito ad un proficuo percorso di counselling. Tale percorso mi ha consentito, tra l'altro, di spendere il mio talento di scrittrice e mi ha anche indotto a realizzare un sogno da troppo tempo sepolto nel cassetto,ossia diventare counsellor, ovvero ADA: arredatrice di anime, come amo definirmi con gioiosa ironia.

La storia contenuta nel romanzo e' affidata ad una voce narrante che la segue con grande empatia, nel suo dipanarsi, tanto da far pensare che a narrare questa storia sia proprio la counsellor che ha guidato la protagonista attraverso un percorso di empowerment.

Sembra, infatti, di riconoscere la sua presenza, soprattutto nelle ultime righe del romanzo, laddove si nota una sorta di compiacimento nella condivisione dei risultati raggiunti:

Vera iniziò a percorrere il sentiero della riscoperta di se' e dei suoi talenti che meritavano sicuramente di essere spesi. Depose in fondo a un baule la lente che le consentiva di ingigantire solo il mondo altrui. Lungo fu il suo cammino in fondo al quale trovo' uno specchio attraverso cui vide la sua immagine reale di una imperatrice poliedrica: generosa, sensibile, condottiera, educatrice, ascoltatrice, tenace, bizzarra, distruttrice e ricostruttrice, madre da Oscar, religiosa e fiduciosa Penelope.

All'improvviso quelle qualita' si assemblarono e diedero vita ad una fortezza che emerse dal suo io, sconfisse le tenebre dell'invisibilita' e si riflesse nello specchio in tutto il suo splendore. Comparve così ai suoi occhi un meraviglioso castello : il castello di Vera, regatatole dalla vita in occasione dei suoi cinquant'anni.

Mi ritrovo ad accarezzare affettuosamente questo libro e ne rileggo il titolo, anch'esso emblematico della storia: "Il nido spezzato", raffigurato dall'immagine triste di un nido che, pur essendo ricolmo di bianche uova, ha la base spezzata.

Il grigio della copertina mi riporta indietro al grigiore esistenziale che ha afflitto il mio tempo " nel mezzo del cammin di nostra vita ". All'epoca non sapevo, per esperienza diretta, in cosa consistesse il counselling, ma fui istintivamente attratta dalla counsellor che aveva da poco iniziato a lavorare nella scuola in cui insegnavo. Ero ormai consapevole di non riuscire a superare da sola il malessere che mi pervadeva  da tempo; decisi pertanto di contattare l'esperta e ricevetti un appuntamento.

 Mi recai nel suo studio.

La trovai molto empatica ed iniziai , così, il mio percorso, pronta a cercare, con il suo aiuto, la via d'uscita dall' impasse in cui mi trovavo. Le sono molto grata per essere riuscita ad innescare in me un processo di empowerment, sollecitandomi a sviluppare le mie potenzialita', promuovendo atteggiamenti attivi, propositivi e stimolando le mie capacita' di scelta.

Ripercorrendo la storia" à rebour", ora che sto per divenire anch'io una counsellor, riconosco le tecniche usate da Maria, e' questo il nome della counsellor che ha accompagnato il mio percorso.

 Ricordo ancora il primo incontro che ebbi con lei in seguito alla morte di mio padre. Maria seppe creare "joining " attraverso l'ascolto empatico della problematica che mi aveva indotto a richiedere il suo aiuto: una relazione che oggi, alla luce delle conoscenze acquisite, definirei simmetrica con la mia unica sorella.

Tale relazione non era mai stata del tutto complementare, anche a causa del triangolo determinato dalla presenzainterferenza di nostra madre , ma era peggiorata dopo il matrimonio di entrambe e si era aggravata, nella sua simmetria, dopo la morte di nostro padre.

La counsellor accolse il mio problema e concordò con me le regole del setting: date, orario, onorario, durata approssimativa dell'intero percorso.

Con l'attuale consapevolezza relativa al counselling, mi rendo conto che negli incontri successivi l'operatrice inizio' ad esplorare i canali sensoriali e gli altri parametri della comunicazione : non linguistico, linguistico, paralinguistico, contenuto, relazione, contesto, congruita'.

Si adattava spesso al tono della mia voce.

Ora so che il mio canale sensoriale privilegiato e' quello tattile-cinestesico. Accompagno, infatti, il mio eloquio con la gestualita', mentre il mio sguardo e' spesso rivolto verso il basso.

Maria, la counsellor, quanto alla prossemica, sedeva di fronte a me, a breve distanza e spesso,  a livello di postura, rispecchiava il mio atteggiamento di chiusura, caratterizzato dalle gambe incrociate. Ricordo che nel corso di qualche incontro mi e' capitato di piangere, soprattutto nell'evocare le feroci aggressioni verbali subite da parte di mia sorella.

La counsellor, con tono rassicurante, usando il noi, ripeteva: "Qui possiamo piangere"e mi porgeva dei fazzoletti  posti in bella mostra in un contenitore sulla scrivania,a riprova di quanto aveva detto.

Ogni seduta era caratterizzata dalla ridefinizione in positivo e dallo stabilire un obiettivo SMART,ossia specifico, misurabile, attendibile, rilevante e traducibile, tenendo anche conto della cosiddetta tecnica dello scalatore. L'obiettivo essenziale da perseguire, attraverso obiettivi intermedi,sarebbe stato quello di pervenire ad una comunicazione non giudicante nei confronti di mia sorella.

Le prime dieci sedute furono imperniate sull' esplorazione della sfera emotivo relazionale,il che avvenne soprattutto in seguito alla quarta seduta in cui ebbe luogo l'elaborazione del genogramma.

Attraverso l'abile elaborazione delle domande relazionali da parte della counsellor, sulla base dell'attenta osservazione del genogramma, si risale alla causa originaria della relazione simmetrica tra le due sorelle: Rosaria e Ornella nella realta', Vera e Finzia nel romanzo.

La simmetria sembra essere stata generata da un meccanismo competitivo innescato dai genitori delle due, ed in particolare dalla madre che fa un uso ripetitivo della trilogia di parole: Anche, invece, pure, in riferimento all'universo delle due figlie: marito,figli, lavoro, amicizia, interessi. Poiche' mamma Gabriella-Amelia ha sempre assistito al predominio di Rosaria – Vera, si trasforma poi in arbitro parziale a favore dell'altra figlia e ne evidenzia tutti i goal con entusiasmo,fino ad esultare al massimo quando il marito di Ornella-Finzia acquista un castello, facendo di lei una castellana.

Poiche' il castello rappresenta l'apice del benessere e della visibilita' nell'immaginario collettivo , Rosaria- Vera, abituata a prevalere, si sente a questo punto sconfitta dalla rivale.

Quando i genitori decidono di dividere a meta' il nido di origine, laddove Rosaria-Vera e'tornata a vivere con il suo nucleo familiare, dopo il matrimonio, Ornella-Finzia si rallegra della loro decisione.

L'altra, invece, reputa ingiusto questo atto"legittimo" perche' crede che la sorella castellana,in base ad un atto d'amore, potrebbe cederle il suo pezzo di casa, visto che la sorte le ha gia' concesso un castello. Questo, pero' non si verifica e la sorella primogenita si sente "spaccata" in un nido spezzato e, quindi, vittima di un un'ingiusta equita'.

 Ed ecco emergere la prima metafora, che viene utilizzata per dare un'entita' al genogramma: Il nido spezzato.

Da quel momento e' un pullulare di metafore che scaturiscono dalla narrazione della cliente e dalla parafrasi-ridefinizione della counsellor.

Ora capisco che, in realta', l'esperta stava usando la tecnica della metaforizzazione, ma in quei momenti coglievo solo una creativita' contagiosa ed esplosiva sul tema: " metaforizzando ".

Ricordo anche la fase di lettura relazionale dei sogni, tra cui assunse rilievo quello avente come protagonista un pesce grasso, sogno da me descritto nei dettagli nel romanzo:" Il nido spezzato ", allegato al presente lavoro.

Questa prima fase di counselling, basata su 10 sedute, fu interrotta per circa 3 mesi.

Nel periodo di break, la turbolenza emotiva legata alla sensazione di sconfitta riemerse.

Cio' accadde soprattutto a causa delle numerose aggressioni verbali attraverso cui mia sorella, nel momento in cui percepiva un mio giudizio negativo relativo al suo mondo, raccoglieva tutte le munizioni per sgretolare il mio universo.

Fu questa la fase dei talenti.

Ormai vedevo mia sorella come una regina adulata dai suoi cortigiani e che si vanagloriava del suo castello,della sua villa e del suo mondo perfetto, mentre io mi percepivo invisibile a tutti nel mio universo rattoppato.

La counsellor metaforizzava il mio mondo usando l'immagine di un diamante, ma io facevo fatica a vedere quel diamante, nonche' a sgonfiare la maestosita' del castello e quando mi ci recavo, mi sentivo una smarrita Cenerentola in un castello incantato.

Il dato emergente nelle sedute era la mia insoddisfazione rispetto al mio mondo ed il mio desiderio di essere, invece, l'imperatrice di un impero senza confini.

Ricordo che la counsellor un giorno mi disse : -Ti e' mai capitato di vivere il limite come punto di forza ?

ed io risposi:- Assolutamente no!

Nel corso di una seduta, attraverso la narrazione, emerse il mio sogno di vivere in un posto come Orvieto.

La counsellor intervenne dicendo:- Hai mai immaginato di riscrivere la tua storia, inserendola in un setting a te consono?

E fu cosi' che iniziai a scrivere!

Alle prime pagine diedi proprio questo titolo: La storia riscritta (vedi romanzo).

In questo modo ebbi l'opportunita' di ricreare il mio mondo e giunsi a scrivere un intero romanzo su me stessa.

La scrittura divenne per me uno strumento catartico per superare le mie sofferenze e le mie frustrazioni.

Poterle narrare in forma scritta mi sembrava piu' efficace e piu' universale.

Provavo una splendida senzazione nel leggere i miei scritti alla counsellor.

Mi sentivo gratificata perche' attraverso la sua parafrasi che focalizzava i sentimenti e le emozioni celati dalle parole, avvertivo la comprensione ed iniziavo, contemporaneamente a sentirmi visibile a me stessa e agli altri.

In realta' mi e' sempre piaciuto scrivere, ma fu quello il momento in cui iniziai a spendere il mio talento. Tramite la scrittura presi, cosi', a riparare il passato che, come era solita dire la counsellor,faceva ancora rumore. Scrissi dei racconti che poi ho ricucito, dando vita a 3 romanzi.

In uno di essi: Penelope nowadays ho inserito una storia significativa delle mia immagine di sorella perfetta. Il titolo e', appunto, "THE PERFECT SISTER":

# THE PERFECT SISTER

Piero rimproverò sua madre quando scoprì che quella fattispecie di Madre Teresa di Calcutta (era così che amava definirla) aveva deciso di effettuare una sorta di counselling domiciliare ai vecchietti che abitavano nel suo paese. In pratica, dopo aver fatto la spola tra la scuola e lo studio nella vicina città durante la settimana, la domenica pomeriggio, anziché riposarsi nel suo open space in campagna, Emma aveva deciso di prevenire i problemi di depressione senile nella sua zona natìa. Il profondo amore per il suo lavoro la portava ad essere instancabile e vulcanica. Instaurava sempre una buona alleanza terapeutica con i clienti e godeva enormemente dei loro progressi. Era ispirata in tutto ciò non solo dalla sua preparazione professionale, ma anche e fondamentalmente da un profondo spirito umanitario.

Credeva molto nella necessità di tendere la mano alle persone colpite da malesseri psicologici.
Tra i vecchietti suoi concittadini vi era una certa Vincenza.
Nel suo habitat il tempo si era fermato, il che era testimoniato da tutti gli orologi presenti nel salotto, le cui

lancette erano, appunto ferme. Si sentiva un odore di muffa proveniente dalle pareti umide che contornavano la stanza. La polvere si era impadronita dei divani cigolanti, dei merletti, del copritavolo e dei tendaggi che fornivano, ormai, un nutrimento quotidiano alle tarme. Soltanto il volto di Vincenza sembrava aver combattuto degnamente contro il tempo perché appariva abbastanza levigato, nonostante gli ottantadue anni della donna. Quel volto era, però, quanto mai malinconico ed il movimento delle palpebre era l'unico a contrastare la circostante staticità.

Una bambola di porcellana era comodamente seduta su di una poltrona e sembrava quasi assomigliare a Vincenza: una sorta di silenziosa sorella costruita su misura. Emma sorrise nel vederla e pensò alla problematicità dei rapporti tra sorelle, così attuale, ma anche così universale. Vincenza e la sua bambola sembravano invece, essere "two perfect sisters" (due sorelle perfette) prive delle cosiddette diversità, così difficili da metabolizzare. Quella bambola stava lì da sempre ed anche Vincenza stava lì da sempre: avevano condiviso lo spazio e il tempo ed erano state spettatrici degli stessi eventi. Non erano state divise da compagni diversi, interessi diversi, esperienze diverse, amici diversi, e nessuno aveva mai osato sottolineare una qualsiasi loro diversità, generandone la divisione. Ricordava di aver trattato vari casi di conflittualità tra sorelle e di aver tracciato una sorta di grafico a tal proposito. Lo teneva ben impresso nella mente e lo aveva pubblicato in inglese, in un articolo relativo alle problematiche dei rapporti familiari

## PROBLEMS and PLEASURES

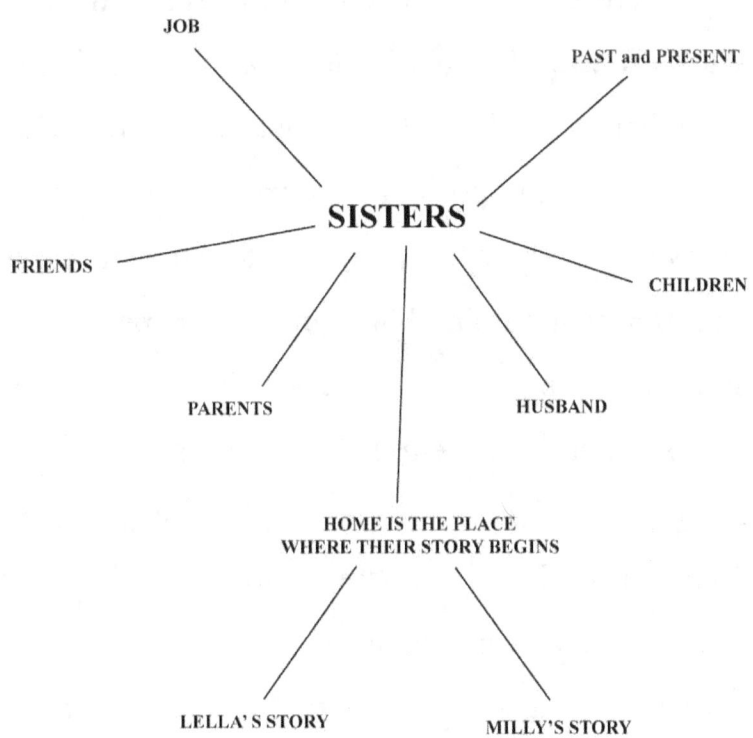

Lo aveva riferito alla storia, anzi alle storie di Lella e Milly, due sorelle che avevano avuto problemi relazionali in età adulta, poiché non accettavano la loro diversità proprio perché tale diversità era sempre stata sottolineata in famiglia come un divario, e non nella sua dimensione di normalità. Tutto ciò aveva generato conflittualità latente durante l'infanzia e l'adolescenza ed emergente, invece, in età adulta. Emma stava un po' divagando quel giorno, per seguire il flusso dei suoi pensieri. A quel punto decise di raccontare a Vincenza quella storia, al fine di coinvolgerla. Partì proprio da dove erano partiti i suoi pensieri: la somiglianza tra lei e la bambola e poi parlò di Lella e Milly e della positiva soluzione dei loro contrasti attraverso il recupero di un'affettività non più basata sull'imposizione familiare, ma sul rispetto reciproco e sull'accettazione di due mondi diversi, di due persone diverse la cui storia era iniziata nello stesso luogo : Home is the place where their story begins, per poi proiettarsi in 2 coscienze diverse, protese verso obiettivi diversi. Quelle 2 persone ora condividono il passato e gli affetti ad esso correlati, i ricordi e le origini, ma hanno proiezioni anch'esse diverse nel presente e nel futuro. Restano, comunque, sorelle diverse tra loro e sicuramente diverse da tutte le altre sorelle nella singolarità del loro rapporto.

Vincenza l'aveva ascoltata con attenzione. Era una donna colta. Era stata insegnante di lettere in un liceo classico e non si era mai sposata. In paese era soprannominata la "Zitella sapientona". Era stata amica della mamma di Emma e sapeva di trovarsi di fronte ad una psicologa. Le confidò, quindi, di sentirsi molto depressa e recitò i versi di una poesia di Verlaine, che tanto bene dipingono questo male oscuro che colpisce le persone a tutte le età:

*Il pleure dans mon coeur*

*Comme il pleut sur la ville*
*Quelle est cette langueur*
*Qui penètre mon coeur?*

*O bruit doux de la pluie*

*Par terre et sur les toits!*

*Pour un Coeur qui s'ennuie*

*O le chant de la pluie!*


*Il pleure sans raison*

*Dans ce coeur qui s' ècoure*

*Quoi! Nulle trahison?...*

*Ce deuil est sans raison (questo dolore è senza ragione)*


*C' est bien la pire peine*

*De ne savoir pourquoi*

*Sans amour et sans haine*

*Mon Coeur a tant de peine!*


E poi aggiunse:- Recito spesso questa poesia quando mi sento afflitta perché trovo in essa una fonte di conforto e mia unica ascoltatrice è lei, la mia bambola di porcellana. Emma rimase stupita per la lucidità di Vincenza e per la sua ottima memoria. Aveva recitato quella poesia alla perfezione e con ottima pronuncia francese. Quella donna non meritava di rimanere relegata tra quelle quattro mura, tanto più che le sue condizioni di salute erano positive!

Il romanzo da cui è tratto il racconto sopra riportato e'il terzo da me scritto in ordine di tempo.

"Il nido spezzato" e' stato,invece,il primo ed ha avuto una funzione catartica perche' in esso ho dato libero sfogo ai miei pensieri e ho ridefinito me stessa. Questo romanzo e' stato il frutto maturo dei due cicli di counselling ai quali mi sono sottoposta.

Finita la fase liberatoria, ho continuato a scrivere e finora ho pubblicato una raccolta di racconti e tre romanzi.

Nel frattempo mi sono rivelata a me stessa ed ho iniziato a percepirmi positivamente diventando resiliente e talora neghentropica.

Ho persino stilato un decalogo personale imperniato sulla resilienza:

1) Vivi e lascia vivere (Live and let live)
2) Perdona tutti coloro che credi ti abbiano fatto soffrire, a partire dai tuoi genitori

3) Rivaluta te stesso e gli altri ed accetta i tuoi e gli altrui illimitati limiti

4) Prova a riesumare i tuoi sogni da tempo sepolti in un cassetto e ponili in essere

5) Se il passato ha impresso delle ferite nella tua anima, trasformale in cicatrici e ricordati che:- El pasado pasado esta'

6) Attingi alla fonte del presente con un   sano"carpe diem"alimentato da un altrettanto sano egoismo.

7) Combatti per la tua liberta', ma non seminare vittime

8) Adatta i tuoi progetti agli imprevisti del percorso, facendoti amico il tempo

9) Goditi in pieno ogni traguardo e concediti una pausa prima di proseguire il cammino

10) Pensa ogni giorno che non sei infinito

Devo molto al lavoro sinergico che il counselling e la scrittura hanno effettuato su di me.

Ero   in disarmonia ed entrambi mi hanno aiutato a ritrovare l'armonia con il mio universo psico-affettivo.

Il corso biennale di counselling che ho seguito successivamente al periodo di malessere e al suo superamento ha contribuito ulteriormente a consolidarmi e spero davvero di diventare una brava counsellor, munita di tecniche, ma soprattutto di humanitas, come Maria,la counsellor che ha illuminato il mio cammino aiutandomi ad uscire dal tunnel della sofferenza legata alla valigia del passato e al suo peso su alcuni importanti rapporti familiari.

Intanto la relazione con mia sorella e' migliorata perche' adesso riesco ad accettare la diversita 'del suo essere e del suo mondo, avendo consolidato il mio. L'aver riposto in un baule la mia toga da giudice ha fatto sì che lei si rilassasse e smettesse di aggredirmi,mascherando le proprie fragilita'dietro l'aggressivita'.

Spero proprio di essere diventata come Vera, la protagonista del mio romanzo che ormai e' una donna matura, consapevole, libera.

Ha faticato tanto, ha scavato nei meandri del suo animo ed ha finalmente smesso i panni della rabbia.

Ha trovato nel limite imposto dalla scure paterna un punto di forza. Ha speso i suoi talenti e si e' avvicinata all'armonia.

Ora non si chiude piu' a riccio e rimuginare sul perche' di certi comportamenti che la fanno soffrire, in una sorta di isolamento aristocratico .

Ha imparato a conoscersi  ed e' pronta ad aprirsi agli altri, a comprenderli,ad accoglierli.

Mamma Amelia e sorella Finzia non la tormeteranno piu' e lei le abbraccera' e le rassicurera'nei moment di crisi.

Vera ha finalmente costruito il suo castello, ovvero un nido sicuro, elegante, accogliente, benche' spezzato, dove ogni oggetto ha un senso perche' racconta una storia, dove niente e' appoggiato, dove tutto e' incastonato come pietre preziose in un gioiello di valore inestimabile.

Gli abitanti dell'armonia si muovono leggiadri, si sentono a loro agio, ridono, piangono, si confrontano, vanno in crisi, ma poi risolvono i propri problemi e quelli altrui .

Sono persone autentiche, con pregi e difetti e il loro nido profuma di famiglia, di affetto, di sentimenti sani.

Vera guarda il suo attuale nucleo familiare ed e' gonfia di orgoglio, perche' i suoi cari sono  davvero splendidi:

Matteo, il suo amico di sempre, grande amore e compagno di vita, intelligente, arguto, dall'animo nobile, ha un lavoro importante che spesso lo tiene lontano da casa, eppure e' capace starle vicino. Piero, il suo primogenito e' un ragazzo splendido, gia' capace di scelte di vita coraggiose perche' anche lui, come Vera, e' uno spirito libero. Lavinia,dolcissima, piccola giovane donna , e' sempre vicina alla sua mamma, sa farle compagnia nella solitudine , e' affettuosa e solidale. Vera, una donna forte, coraggiosa e ricchissima!

*Alla memoria di mia nonna*
*il cui affetto ha riscaldato*
*a lungo il mio cuore*

# IL NIDO SPEZZATO

# PREFAZIONE

Vera, una donna coraggiosa e finalmente libera!

Ha camminato lungo strade lastricate di insidie, ma le ha percorse fino in fondo e a testa alta. Della vita, Vera non ha buttato via niente, al contrario, ha tenuto per sé soprattutto il dolore, l'amarezza, la delusione, la solitudine, la rabbia, il desiderio di affetto e di coccole…

Avrebbe potuto cedere sotto il peso di stati d'animo così dilanianti, e invece no, nel corso degli anni ha saputo rielaborarli e nobilitarli, facendone, paradossalmente, il suo punto di forza. Ha pianto, ha sofferto, a volte è sembrata essere sull'orlo del baratro, ma sempre è riuscita a rialzarsi e ad andare avanti.

Vera è uno spirito indomito, avvinghiata alle sue radici, intrisa di quelle virtù civiche che ha ereditato dai magnifici "nonni contadini" e dal suo "maestoso papà". È cresciuta, è diventata donna, moglie e madre, ha spiccato il volo, si è aperta al mondo, pur rimanendo nei luoghi della fanciullezza. Non ha cercato la soluzione nella fuga,ma ha consapevolmente scelto di restare vicino alle persone che ama e che sono, allo stesso tempo, la causa delle sue sofferenze.

Vera ricerca spasmodicamente l'armonia: negli affetti, nelle cose, nei colori... A tal proposito, rivolge accuse dure e sferzanti a Finzia e a Giovanni Edon, che si dedicano al culto del copia/incolla, all'accumulo di cose e oggetti senza alcun rispetto per la storia che raccontano. Al contrario, scrive una pagina dolcissima sulla stanza dove nonna Betta ha esalato l'ultimo respiro.

Qui Vera usa le parole come un pennello, perché al lettore arrivano immagini vivide: la polvere che si è accumulata nel tempo, i ninnoli sui mobili, i vecchi documenti, le tendine alla finestra e, soprattutto, la festa di Ognissanti che si celebra in un cassetto del comò. Armonia...

Vera è uno spirito libero, non si lascia irretire dagli stereotipi e dalle banalità di cui pure si nutrono le persone che la circondano e che lei ama comunque e incondizionatamente. Sa bene di vivere nelle contraddizioni e non ci sta a lasciar correre, a fermarsi sull'aspetto più comodo e rassicurante. È consapevole della grandezza del suo papà, eppure anche in lui ha scorto delle negatività. Quest'uomo così autorevole, il grande "compagno Edoardo", non si è reso conto che il suo senso della giustizia non solo ha "spezzato il nido", ma ha soprattutto squarciato il cuore di Vera. Mamma Amelia, intanto, credendo di assolvere ai suoi doveri di madre, ha voluto a tutti i costi che Vera e Finzia vivessero in simbiosi, annullando di fatto ogni possibilità di comunicazione tra loro.

Vera si sente sola tra le persone che ama, è amareggiata, delusa, tormentata, tuttavia non cede; al contrario, trova nuove energie per andare avanti e stabilire il suo primato morale. Forse non lo sa, ma diventa ogni giorno più forte. Sì, perché lei frequenta assiduamente la palestra della vita, dove si allena ad affrontare i problemi, a superare le difficoltà, a guardare l'interlocutore dritto negli occhi, a salvaguardare la sua unicità contro tutti e tutto, ad allontanarsi dal gregge, perché non sempre il gregge ha ragione…

Vera è ormai una donna matura, consapevole e libera! Ha faticato tanto, ha scavato a fondo nei meandri del suo animo, ha finalmente smesso i panni della rabbia. Ha trovato nel limite imposto dalla scure paterna un punto di forza. Ha speso i suoi talenti e si è avvicinata all'armonia...

Ora non si chiude più a riccio a rimuginare sul perché dei comportamenti che la fanno soffrire, in una sorta di isolamento aristocratico... Ha imparato a conoscersi ed è pronta ad aprirsi agli altri, a comprenderli, ad accoglierli... Mamma Amelia e sorella Finzia non la tormenteranno più e lei le abbraccerà e le rassicurerà nei momenti di crisi.

Vera ha finalmente costruito il suo castello, ovvero un nido sicuro, elegante, accogliente, benché spezzato, dove ogni oggetto ha un senso perché racconta una storia, dove niente è appoggiato, dove tutto è incastonato come pietre preziose in un gioiello di valore inestimabile.

Gli abitanti dell'armonia si muovono leggiadri, si sentono a loro agio, ridono, piangono, si isolano, si confrontano, vanno in crisi, ma poi risolvono i propri problemi e quelli altrui. Sono persone autentiche, con pregi e difetti, e il loro nido profuma di famiglia, di affetto, di sentimenti sani. Vera guarda il suo attuale nucleo familiare ed è gonfia di orgoglio, perché i suoi cari sono davvero splendidi... Matteo, il suo amico di sempre, grande amore e compagno di vita, intelligente, arguto, dall'animo nobile, ha un lavoro importante che spesso lo tiene lontano da casa, eppure è capace di starle vicino, anche semplicemente guardandola mentre sistema con garbo e rispetto le piccole preziose cose di nonna Betta. Piero, il suo primogenito, è un ragazzo splendido, già capace di scelte di vita coraggiose perché anche lui, come Vera, è uno spirito libero. Lavinia, dolcissima, piccola giovane donna, è sempre vicina alla sua mamma, sa farle compagnia nella solitudine, è affettuosa e solidale. Vera, una donna forte, coraggiosa e ricchissima!

# 10 AGOSTO: SAN LORENZO

Si sentiva pervasa da un profondo senso di vuoto e di solitudine che cercò invano di colmare, mangiando una fetta di anguria e una coppa di gelato. Quel giorno aveva cucinato per la festa patronale e aveva avuto degli ospiti: una occasione per un raduno conviviale. A lei queste occasioni non davano gioia. La facevano entrare

in un circuito di normalità, quella tanto discutibile normalità che non le era mai stata congeniale. Nel ritrovarsi da sola in quella casa vuota, Vera pensò che l'unico sistema per rendersi visibile a se stessa sarebbe stato scrivere. E così prese a farlo.

Si affacciò alla finestra della sua camera e osservò con attenzione il piazzale antistante la casa: era evidente su di esso il solco generato dalla netta divisione del nido. Anche sulla casa erano impressi i segni della scissione voluta dal suo papà, che aveva stabilito che quella dimora fosse spaccata a metà, per desiderio di equità, tra le sue due figlie: Vera e Finzia. Mentre la sua penna scorreva velocemente sul foglio, Vera udì gli spari provenienti dal paese in festa. Le venne in mente la sua immagine di giovane donna, piena di sogni e di speranze, risalente a ventitré anni prima.

La sera di quel dieci agosto si trovava distesa sul letto, proprio come adesso, in quella stessa casa, ma in un'altra stanza, quella che all'epoca condivideva con sua sorella. Sua zia Gisella, la cugina della madre, che era stata loro ospite quel giorno, le annunciò che aveva telefonato Matteo da Milano: era in aeroporto, era diretto

in Africa e la salutava affettuosamente. Ricordò con piacere di aver battuto mani e piedi per l'entusiasmo, in quell'occasione. Si sentiva felice perché intravvedeva

in quella telefonata il preludio di una bellissima storia d'amore in cui credeva con tutte le sue forze: aveva ventisei anni, era laureata da due e aveva bisogno di immergersi nel mare concreto della vita. Quel giovane che conosceva da sempre e che da sempre era stato innamorato di lei le lasciava ben sperare che il loro futuro

insieme sarebbe stato senz'altro roseo. Quella sua previsione, sfortunatamente, si avverò solo in parte. E tutto questo accadde solo ed esclusivamente per colpa di quel nido spezzato che le avrebbe sottratto la libertà e la gioiosità. Nella sua anima era presente la stessa spaccatura materialmente visibile sui muri di casa. Avvertiva dentro di sé un solco profondo, quasi tangibile. Qualche anno prima, ed esattamente il 23 luglio 2007, aveva dedicato una poesia a suo padre morto nel dicembre 2003.

*E sei ancora tu*

*che dai voce a miei pensieri,*

*che dai inchiostro alla mia penna*

*e lacrime ai miei occhi.*

*Con la scure di giustizia hai spezzato il mio nido*

*generando il mio grido.*

*Tu nel vuoto mi hai lanciato*

*e io ti ho perdonato*

e avrebbe voluto aggiungere: "ma il problema mi hai lasciato!".

E questa affermazione la diceva lunga circa la consistenza di quel perdono che Vera, probabilmente, aveva concesso a suo padre solo sulla carta e in quella minima zona di razionalità che costituiva il suo essere.

All'epoca, a seguito della poesia, aveva anche scritto:

"Non so se gli uccelli riescono a vivere in un nido spezzato, Io di certo no! Questa spaccatura me la sento dentro e sono come un pollo al quale la mannaia del macellaio ha spezzato in due la gabbia toracica. L'idea di giustizia è spesso in contrasto con quella di felicità e questo è il mio caso. Mi ritrovo a vivere nella metà dell'intero nido nel quale ho vissuto da sempre, mentre c'è qualcuno che, pur essendosene costruito uno lussuoso, confortevole, ed estremamente visibile agli occhi altrui, non mi cederebbe mai questo pezzo ancestrale che rappresenta la famiglia. Eppure questo qualcuno, che è una costei di nome Finzia, si vanagloria delle pareti adorne della sua casa e quotidianamente continua ad abbellirle con orpelli, mentre mi priva della libertà di avere uno spazio completamente mio".

Quello sfogo di Vera si chiudeva con un disegno emblematico.

# LA STORIA RISCRITTA

Colei che avrei voluto essere

Quel 10 agosto, tra amari ricordi e speranzose proiezioni in altri luoghi lontani da quella gabbia in cui si sentiva costretta a vivere, Vera andò a rileggere quanto aveva scritto sotto il titolo: "Colei che avrei voluto essere".

Il testo recitava così: "Mi sarebbe piaciuto essere nata in luogo ameno, caratterizzato da una totale armonia, di paesaggio, persone, architettura e sentimenti. In realtà, avrei tanto gradito ritrovarmi in un posto in cui la perfezione non avrebbe dovuto essere fine a se stessa, ma il riflesso di una totale armonia, sia esteriore che interiore.

Mi sarebbe piaciuto vivere in Umbria, in un paesino, ma anche in un paesone come Orvieto, laddove ho vissuto da adulta solo per un anno. Il dono dell'accoglienza,

tipica di quelle persone, mi avrebbe sicuramente tranquillizzata. Provo poi a immaginare mia madre nelle vesti di una tipica madre orvietana, cioè pronta ad abbracciare i propri figli e a riscaldare la casa con i vapori della sua cucina e con la solarità della sua presenza.

Mio padre, poi, come inserirlo in quel contesto? Semplice: un veterinario buontempone, aperto agli altri e sorridente, giocherellone, ma anche forte e rassicurante in famiglia.

Una sorella, nella cornice umbra, come sarebbe stata? Ovvio: una ragazzona e poi una donna allegra, gioiosa, non ambiziosa, una che, mentre scavalca la montagna della vita, non raggiunge vittoriosa e sola la cima sapendoti, nel frattempo, in pericolo e in procinto di precipitare. A una sorella del genere avresti potuto sempre aprire il tuo cuore, senza temere che prima o poi te lo avrebbe spezzato, aggredendoti verbalmente e sputandoti addosso il veleno di colei che si è sentita a te seconda per tutta la vita, e non solo anagraficamente. Tale sorella non avrebbe certamente avuto come nome Finzia! In quell'ambiente ideale i nonni avrebbero, forse, vissuto in una casetta in tufo, piccola e graziosa, con i gerani sui davanzali delle minuscole finestre.

La nonna, intenta a sferruzzare e a preparare i dolci da offrirmi nei rigidi pomeriggi invernali accanto a una tazza fumante di camomilla, mi avrebbe parlato della positività della vita e dell'amore. Non mi avrebbe messo in guardia contro i pericoli che si insinuano nel contatto con l'altro sesso. Mi avrebbe sicuramente aiutato ad aprirmi alla vita se solo mi avesse parlato della sua felicità con quell'adorabile persona che era il nonno.

Sarei poi passata dalla sua casa, cioè dal suo nido, a un altro: quello del babbo e della mamma, magari solo attraversando la strada. Mi sarebbe piaciuto trascorrere così le prime due stagioni della mia vita: l'infanzia e l'adolescenza.

Mia madre, nella nostra piccola, graziosa casa, anch'essa in tufo, dagli infissi verdi e con i fiori sui davanzali, mi avrebbe insegnato a essere sempre me stessa. Sicuramente, non avrebbe preteso una simbiosi con mia sorella, ma avrebbe indirizzato noi due verso sentieri diversi. A ciascuna avrebbe concesso la libertà di vivere la propria vita, nel reciproco affetto, ma spesso con il necessario distacco che la vita stessa impone. Anche il babbo avrebbe assecondato le nostre inclinazioni.

Io avrei, così, frequentato il liceo classico, data la mia passione per le materie umanistiche e mia sorella, invece, avrebbe scelto, a sua volta, una scuola di suo gradimento. Anche all'università ci saremmo divise: lei avrebbe frequentato la facoltà di architettura a Firenze e io la facoltà di psicologia a Roma. Ci saremmo poi incontrate a casa, raccontandoci le nostre vite diverse. Ci saremmo amate sicuramente di più. Avremmo evitato di stare gomito a gomito per anni, sembrati secoli, mirando, entrambe, a un distacco resoci impossibile dalla nostra famiglia. Ogni tentativo di allontanarci per respirare autonomamente è stato, invece, sempre vissuto con il senso di colpa così sapientemente inculcato in due anime giovani.

Il seguito della storia? Io mi sarei laureata a pieni voti, facendo fiero sia mio padre che amava definirmi " la mia trentina", sia me stessa perché ho sempre desiderato dare il massimo per raggiungere il massimo. Avrei poi esercitato una professione: quella della psicologa, gratificando il mio spiccato desiderio di risolvere i problemi altrui. Tutto ciò avrebbe avuto come contorno un'altra attività che, più che contorno, sarebbe stata la sublimazione dell'essere. Avrei speso, cioè, un altro mio talento diventando scrittrice. All'inizio, magari, avrei giocato a nascondino in questo settore, pubblicando timidi racconti, ma poi mi sarei fatta stanare e, uscendo allo scoperto, avrei scritto e pubblicato fiumi di parole. Mi sarei resa visibile a tutti, piuttosto che camminare in punta di piedi e dietro un sipario.

Mia sorella, nel frattempo, sarebbe diventata architetto e avrebbe continuato a vivere in un'altra città. Io, invece, il mio talento di architetto lo avrei speso per la mia casa".

(Se tutto ciò si fosse verificato, Vera sarebbe diventata A.D.A, ossia arredatrice di anime).

Il racconto, intanto, continuava così: "Già la mia casa, quella casetta in pietra, in un paesino bellissimo, sì quel nido che il babbo mi aveva regalato dopo la laurea.

Si trattava di un rudere e lui me lo aveva comprato perché sapeva che a me piace riscrivere la storia di case e persone. A pochi passi da quella casa c'era il mare e il babbo sapeva quanto la sua bambina amasse il sole del quale aveva così tanto bisogno per riscaldarsi il cuore.

Quel piccolo centro offriva tutto ciò che occorre per le proprie necessità quotidiane. Era percorribile a piedi e distava poco da una grande città nella quale la sua piccola, grande donna avrebbe potuto lavorare e comprare abiti, nonché ninnoli per sé e per la propria casa. In quella casetta la sua Vera si sarebbe rifugiata per meditare, scrivere, riposare e magari mettere su famiglia. Nella metropoli avrebbe ascoltato i problemi altrui nel suo studio e avrebbe dissipato ombre dalle

menti, nonché dato speranza e luce a tanti cuori, mentre in quel piccolo mondo autosufficiente avrebbe ritrovato se stessa".

Nel rileggere la sua storia riscritta, Vera sussurrò: «Quanto mi sarebbe piaciuto quel regalo da parte del mio babbo, così forte, così passionale, così capace di interpretare i desideri e i sogni altrui! Avrei così coltivato la voglia di amare la mia famiglia senza banalizzare con il vissuto la profondità dei rapporti. Il ritorno nel nido di origine, di tanto in tanto, sarebbe stato come il ritorno nel grembo materno. Mia sorella Finzia, anzi Giusy, si sarebbe, intanto, sistemata in una elegante dimora a Firenze. Quella dimora l'aveva comprata il babbo, bravo interprete, anche questa volta, delle aspirazioni di una figlia. Lei si era sentita sempre seconda in famiglia, ma il babbo l'aveva in quel modo rassicurata, con la complicità della sua primogenita Rosy, ossia con la mia complicità. Giusy si era anche fidanzata con un architetto e insieme avevano arredato quella casa. Io mi ero fatta a pezzi per sistemare quel rudere e alla fine c'ero riuscita. Mi sentivo realizzata.

Avevo poi ritrovato quell'amico di sempre, Matteo, con il quale mi ero sentita in gran sintonia, sin dall'adolescenza.

Avevamo vissuto vicende sentimentali diverse ed esperienze altrettanto diverse: io all'università e lui in un'Accademia militare che aveva forgiato il suo corpo e il suo spirito. Avevamo ripreso a frequentarci e così era nato l'amore. Mia sorella Giusy decise di sposarsi e lo fece dopo vari anni di fidanzamento con il suo architetto.

Anch'io e Matteo decidemmo di sposarci di lì a poco.

A lui era piaciuta tanto la casa che il mio babbo mi aveva regalato per cui decidemmo di sistemarci lì. Avremmo continuato a lavorare entrambi nella vicina città, tornando poi ogni sera nel nostro nido. E fu così che i contatti con la famiglia continuarono a essere estremamente positivi. Nei fine settimana incontravo i miei nonni e miei genitori e spesso mi recavo da mia sorella, o lei veniva da me e continuavamo a raccontarci le nostre vite. La mamma era serena e giammai tentava di forzare una simbiosi che lei stessa aveva avuto il buonsenso di evitare che si creasse tra le sue figlie sin da bambine.

I nonni poi ci lasciarono per passare a miglior vita e, dato il profondo legame esistente tra me e mia nonna, i miei genitori mi fecero dono della deliziosa casetta dei nonni, stabilendo che mia sorella, invece, avrebbe avuto in dono la loro.

La storia come continua?

Continua con i figli miei e di Giusy, con la morte del babbo: triste, ma edificante e fortificante. Continua con la passione per il lavoro e per la scrittura, con l'amicizia

stretta col tempo visto come amico e non più come nemico. Nella storia da lei riscritta Vera ritrovò anche le domande che lei, o meglio Rosy si era posta: "Avrei potuto scegliere un altro lavoro? E se fossi diventata un'insegnante? Oh no! Sarei rimasta incatenata alle lancette dell'orologio e al suono della campanella che scandisce e limita il fluire dell'essere. Avrei magari riempito delle bottiglie senza fondo, ossia degli alunni demotivati e disinteressati. Meglio di no! E i figli? E il marito? Come li avrei voluti? Così come sono: pilastri inattaccabili della mia unica casa sulla roccia: il mio attuale nucleo familiare".

# IL COLORE DEL VISSUTO

L'aver riscritto la sua storia aveva dato a Vera un senso di sollievo che presto svanì quando si soffermò sul suo vissuto reale. Se avesse dovuto rappresentarlo con un colore, avrebbe usato sicuramente il grigio. Il vecchio casolare di campagna in cui era nata era sempre stato di quel colore perché era ricoperto da un fitto strato di intonaco rattoppato e grigia era anche l'aia sulla quale spuntava solo qualche coraggioso ciuffo d'erba insinuatosi nei buchi scavati dalle intemperie. Sulle nude pareti della casa colonica situata di fronte al casolare occhieggiavano le pallide rose piantate dalla nonna. Che donna! Tanto piccola di statura quanto determinata

e belligerante. Era la guida, la mente del suo omaccione buono, onesto e lavoratore. Sapeva leggere e far di conto grazie ai pochi mesi in cui, da bambina, le era stato concesso il lusso di seguire a lume di candela, dopo il lavoro nei campi, le lezioni di una maestra che si prodigava ad arare le menti delle povere contadinelle

della zona. A soli sette anni sua madre aveva affidato alle sue cure il fratellino appena nato. Nonna Rosa raccontava che spesso riusciva a calmare il pianto del bimbo mettendogli sulle labbra un pezzetto di pera o la classica "pupatella". Sembrava di vederla quella bambina dalle lunghe trecce che si aggirava davanti alla sua casetta diroccata, cercando di acquietare "ninno".

Vera era molto attratta, da piccola, dalla "loggia" di quella casa dalla quale partiva una scala di pietra con un parapetto in muratura sovrastato dai mattoni.

Talmente tanto si sarebbe impressa in lei l'immagine di quella loggia da spingerla a ricostruirne una simile all'esterno della casa dei nonni di Matteo.

# SCENARI DI MORTE

Un giorno Vera si ritrovò, appunto, nella casa di Matteo, in una camera da letto. Su quel copriletto candido, sapientemente lavorato all'uncinetto, una colonia di topolini di campagna aveva depositato i propri escrementi la cui traccia sembrava coincidere con la firma che la Morte aveva voluto imprimere su di esso.

Quella stanza presentava lo stesso scenario del 23 marzo dell'anno precedente: il letto, le tende bianche, il comò e i comodini di un lucido rosso ciliegio sovrastato

da un marmo verdastro che si rifletteva negli specchi dell'imponente armadio. Anche le sedie erano rimaste allineate contro le pareti aspettando qualcuno che vi si sedesse o che le rimuovesse. Nell'arco di quell'anno solare nessuno aveva, però, osato farlo. Qualcuno si era solo timidamente affacciato a quell'uscio, in rispettoso

silenzio, richiudendolo immediatamente. Era tutto immutato! Gli unici operai che potevano ora offrire un resoconto del loro lavoro erano i topi e i ragni e anche alla polvere bisognava riconoscere i propri meriti! Solo il cadavere della nonna novantenne che, circa un anno prima, giaceva su quel letto, era uscito di scena.

A Vera toccò disfare quel giaciglio di sorella morte che aveva sottratto a quella stanza la donna che vi aveva vissuto per oltre sessant'anni: la nonna di Matteo. Lei stessa, un anno prima, aveva allestito quello scenario e proprio a lei toccava ora disfarlo. Aprì le cigolanti finestre dopo aver spostato le polverose tende che presto

fecero echeggiare i suoi starnuti nell'orante silenzio di suo marito, di fronte a lei. Nonna Betta era presente nei loro pensieri e Vera ripassò mentalmente le parole che aveva scritto nella di lei prece.

Chissà perché le veniva così spontaneo scrivere delle preci per i defunti? Quando moriva una persona cara, sentiva sempre il bisogno di fare un ritratto in parole, una sorta di sintesi di vita. Negli ultimi anni ben quattro persone avevano cessato di vivere in quella casa: nonno Eduardo, zio Sam e mamma Elena e, per ciascuno di essi, Vera aveva scritto qualcosa. Le vennero in mente gli scenari di morte che aveva allestito per lo zio e per il nonno di Matteo. Non le era stato, invece, possibile rendersi utile a tal fine per la morte della suocera perché si trovava in ospedale a causa di problemi causati dalla sua seconda gravidanza. A questi ricordi fecero seguito quelli relativi alla dipartita dei suoi nonni, dopodiché fu di nuovo rapita dal presente e dai suoi gesti tesi a ripiegare le bianche lenzuola. Si accinse poi ad aprire un cassetto del comò ed entrò in contatto con centinaia di figurine di santi: le sembrò di passare in rassegna l'intera iconografia cristiana. Le balenò in mente la divertente idea che, forse, in quel cassetto era stata celebrata la festa di Ognissanti. Pensò, con grande rispetto, al fervido cattolicesimo di nonna Betta, che sembrava coincidere esattamente con quello della sua adorata nonna Rosa. Costei le aveva così sapientemente inculcato la religiosità che in quel momento Vera si sentì un tutt'uno con quelle due donne estinte e le venne in mente il ritratto verbale che aveva stilato per nonna Rosa. Aprì poi gli altri cassetti e vi ritrovò il covo dei ricordi: foto in bianco e nero, monete, merletti, bollette, atti notarili, confetti bianchi, rosa, azzurri e rossi, biglietti di auguri ricevuti in varie circostanze, bottoni neri da lutto. Il vissuto di varie generazioni aveva depositato le sue tracce in quei cassetti e lei se ne sentì la depositaria onoraria. Le sembrava quasi di udire la voce di nonna Betta che, nel corso di un brindisi conviviale, dichiarava:

"Proclamo Vera, la moglie di Matteo, custode ufficiale dell'eredità morale e materiale della nostra famiglia.

A lei è consentito ricostruire la nostra umile casa e la nostra storia familiare. Si sentì pervasa da una profonda sensazione di benessere che stimolò il suo lavoro.

Animata dalla sua tenacia, che più volte le aveva guadagnato l'affettuoso appellativo paterno di "mula" (Non a caso il suo papà era veterinario e apprezzava all'infinito il lavoro delle bestie da soma possedute dai pastori e dai contadini) continuò, imperterrita, a selezionare oggetti, cercando di interpretarne il valore affettivo. Fu poi la volta degli abiti di nonna Betta e anche a essi dedicò un meritato rispetto.

Riempì dei sacchetti con quella che sorridendo definì "zavorra di vita" e li consegnò a Matteo, che aveva assistito con grande compiacimento e come unico, privilegiato spettatore alla performance di sua moglie su quello "stage" sul quale avevano danzato, mano nella mano, due instancabili ballerine, una in abito multicolore e l'altra vestita, invece, di nero.

Un altro scenario, ben impresso nella mente di Vera, era quello riguardante la morte del suo babbo. Anche quello lo aveva preparato nei minimi dettagli e ne era stata la protagonista perché aveva dato libero sfogo ai suoi sentimenti, senza tener conto di quell'assurdo concetto di contegno e dignità tanto predicato dai perbenisti.

Aveva scritto parole bellissime per il suo papà estinto, scegliendo una splendida foto e aveva firmato quella meravigliosa sintesi di vita con due nomi: "Le tue figlie Vera e Finzia". In prima pagina aveva posto l'immagine di un sole radioso che si rifletteva nel mare e aveva scritto: "Ritroveremo l'azzurro dei tuoi occhi nell'immensità del cielo e nella profondità del mare". Si era congedata in quel modo dal suo babbo, avvertendo la grande serenità di chi si sente in pace sia con la vita che con la morte. Al cimitero, poi, si era sentita ancor più tranquilla perché il loculo nel quale era stato tumulato il suo papà si trovava accanto a quello di un certo Corrado, uomo di sinistra, seguace delle idee del suo babbo, all'epoca in cui aveva avuto un incarico amministrativo. Quell'uomo aveva frequentato la loro casa ed era solito chiamare Vera e Finzia "pernici rosse", usando il nome di uccelli il cui colore simboleggiava la sua fede politica. Guardò il cielo mentre il muratore poneva gli ultimi mattoni dinanzi alla bara e vide due uccelli che a lei sembrarono due pernici rosse: Corrado e il suo papà, che volavano insieme e liberi verso l'infinito. Provò una profonda sensazione di sollievo, raccolse un garofano rosso che giaceva in una corona posta dinanzi alla tomba del babbo e lo strinse a sé, sorridendo e continuando a pensare a quei due furbacchioni in volo. Un attimo dopo scorse al suo fianco la rassicurante presenza di un'amica con un foglio in mano: era Angelica che, abbracciandola, le diede un confortante scritto. Le parole impresse sul foglio erano di un blu carico di significato: "Per Vera. Ci portiamo a spasso le facce dei nostri padri, vestendole di femminilità facce ereditate da altre donne i cui occhi hanno visto guerra, fame, miseria.

Donne forti come rocce, i cui uteri hanno partorito senza fragilità, con dolore istintivo, non sovrastrutturato.

Donne che hanno solidamente giocato con l'"Edipo" senza conoscerlo.

Avide, avare, che ci hanno concesso briciole dei loro figli (i nostri padri), mai concessi alle nostre madri, e ci hanno consegnato su un piatto d'argento le nostre odierne solitudini".

E come Angelica, anche lei capì che avrebbe portato a spasso, sul suo volto, l'immagine paterna e che sarebbe stata erede di una grande solitudine. E fu così!

Qualche giorno dopo, infatti, sua sorella Finzia iniziò a scagliarsi contro di lei con ingiuriose accuse, prima tra tutte quella di aver voluto essere protagonista di quella morte, atteggiandosi a figlia unica. La serenità conquistata in quel percorso di vita-morte svanì.

Gli attacchi si protrassero a oltranza ed erano mirati ad annientarla. Fu costretta a costruirsi una corazza contro di essi e ne sintetizzò la dinamica nel racconto: "Le collane della strega".

# ... PERLE E... SORELLE... LE COLLANE DELLA STREGA

Quel giorno Finzia le aveva indossate proprio tutte le sue collane di perle.

Era una tiepida mattina d'autunno e aveva appena finito di agghindarsi per uscire. Si guardò di nuovo allo specchio e gli chiese di rinviarle l'immagine di sempre: quella di una donna perfetta e, pertanto, inattaccabile. Era tutto a posto: i lunghissimi capelli di un lucido nero corvino, il viso truccato e splendente, il tailleur da donna perbene, gli stivali con la punta rialzata.

Ogni singolo elemento faceva "pendant" con il resto. Le collane, poi, davano il tocco finale. Qualcosa, però, non la convinceva proprio riguardo a quelle collane. "Sono troppo luminose" pensò e provò a ricordare chi gliele avesse regalate. «Ecco chi me le ha regalate!». Esordì ad alta voce. «Me le ha donate quella noiosa, ma sì, quella spigolosissima Vera che, non a caso, si reputa la depositaria della verità. Nel corso di uno di quei suoi sfoghi esistenziali che non ho mai capito, mi ha dato un sacchetto stracolmo di preziose perle. Non mi sono mai piaciute! Avrei quasi preferito divorarle, per poi vomitarle, ma infine ho deciso di realizzarvi delle collane. Continuano, comunque, a non piacermi perché sono troppo vere, troppo lucenti!».

Intanto non riusciva a smettere di pensare a sua sorella Vera. Le sembrò di vederla riflessa in una di quelle perle: sempre affranta, col volto scuro, sempre in tenta a spazzare persino nel deserto, pur di riordinare e risistemare l'universo. Era un fossile. Stava continuamente rinchiusa nel suo castello a mettere in ordine l'armadio del suo io. Ma perché non si rassegnava a lasciare tutto alla rinfusa e ben nascosto dietro due imponenti ante ben decorate? Tutti avrebbero ammirato quelle ante, senza mai rendersi conto del retrostante disordine! Era proprio una sciocca, un'inguaribile romantica, lontana miglia e miglia dall'odierna fattualità, dalla praticità, dall'edonismo, dal perbenismo e da quell'inespugnabile corazza di egoismo dipinta di generosità che deve necessariamente rivestire l'essere umano. "Perché continua a parlare di persone e personaggi?

Che significa essere personaggio? Non l'ho mai capito questo concetto!". Lo ammise a se stessa.

In realtà non aveva mai capito quale strano destino l'avesse castigata ad avere come sorella Vera, una donna così complessa che accusava la maggior parte delle persone di conoscere solo l'ABC della vita, pretendendo di insegnare loro il resto dell'alfabeto.

Quante volte, durante le confidenze che Vera le aveva fatto, lei aveva inutilmente tentato di trascinarla nel suo mondo gaudente! Quella mattina si sentiva irritata al pensiero di quella stupida lagnosa e quelle altrettanto stupide collane continuavano a innervosirla. Eppure si sarebbe dovuta sentire contenta, perché stava per uscire per acquistare di tutto e di più. Perché il suo cervello non la lasciava libera di pregustare lo shopping che la attendeva? Tutta colpa di Vera! La stava contagiando! Anche lei iniziava a riflettere e a porsi dei problemi. Oh no! A pensarci bene, però, ultimamente quella donna stava diventando fastidiosa. Non si mostrava più servizievole e ubbidiente. Stava forse cercando di affermare se stessa? Aveva finito di mettere ordine nell'armadio? Forse stava per apporre anche le ante?

Quell'armadio bello sia dentro che fuori avrebbe offuscato il suo che, invece, era bello solo fuori! Lei questo lo sapeva, ma gli altri no! Bisognava fare qualcosa al più presto! Vera stava per diventare visibile agli occhi dell'umanità.

«Aiuto! Cosa posso fare?». Si chiese Finzia. Si sentiva confusa e sconcertata.

Le venne però in mente un piano diabolico: doveva andare immediatamente a distruggere Vera, annientandola moralmente, per renderla innocua e, quindi, ancora invisibile. Aprì furiosamente la borsa, alla ricerca delle chiavi della sua auto. La mano usata per frugare aveva pescato qualcosa di diverso dalle chiavi. Una collana? Ancora collane! Non ne poteva più! "Attenzione!".

Pensò: quella collana non era di perle!

In quel momento le sembrò bellissima nel suo accattivante mix di pietre variopinte. Giel'avevano regalata il giorno prima le sue carissime amiche: le sorelle ricamatrici.

Costoro erano abilissime a intrecciare storie e collane. Avevano creato quest'ultima proprio in sua presenza, intente, nel frattempo, a parlare di Vera. Ora ricordava! Le avevano detto che quella "donna malefica" aveva architettato un piano alle sue spalle. "Oh che bella collana!". Finzia lo pensò e si tolse dal collo le collane di perle, le ripose furiosamente nella borsa, indossò quella appena trovata e si sentì finalmente soddisfatta. Chiamò Amelia, sua madre, nonché sua fedele e perenne alleata e le rivelò il piano velocemente architettato. Si mise al volante del suo fuoristrada rosso fiammante in compagnia di Amelia e si diresse trionfante verso la casa di Vera che, nel frattempo, ancora avvolta dal caldo tepore del pigiama, si aggirava nella sua dimora, ultimamente semi-demolita da un violento e improvviso uragano.

Quel giorno si sentiva serena, fiduciosa, pronta a ricostruire la casa e a proiettarsi nel futuro. Udì all'improvviso lo sbattere della portiera di una macchina, immediatamente seguito da urla femminili. La porta d'ingresso era aperta, come sempre, del resto. Riconobbe la voce di Finzia che gridava come una forsennata.

Non le era nuova quella situazione. Nell'ultimo anno Finzia l'aveva aggredita svariate volte, facendo irruzione in casa sua. Incredibile! Si stava ripetendo ancora una volta una scena ben nota. Si trattava di un déjà-vu! Vera era sconvolta. Finzia andava su e giù lungo il corridoio.

All'improvviso afferrò una graziosa tazza di coccio posta su di una mensola e la scaraventò a terra.

La volta precedente aveva strappato un libro... Strane preferenze le sue!

Intanto tirò fuori le collane di perle dalla borsa e le scagliò contro Vera, sciorinandole addosso parole irripetibili.

Giustificò la sua rabbia contro la sorella sulla base di quella storia, di quel piano diabolico, di quel certo non so che di cui le avevano parlato le sue amiche, ossia le ricamatrici. La frase più comprensibile che disse fu questa: «Mi sono guardata allo specchio ed ho capito, finalmente, che tra noi due io sono la fata e tu la strega!».

Utilizzò poi la punta del suo stivale per sfondare le ante dell'armadio che Vera aveva appena finito di decorare.

Amelia annuiva a ogni cosa detta dalla sua secondogenita, che la lasciò lì perché fungesse da sentinella.

Le affidò il compito di vigilare davanti all'uscio del cervello di Vera e di annotare ogni suo pensiero, ogni sua parola e ogni sua azione, dopodiché andò via tranquilla e soddisfatta.

Vera, incredula, annientata e terrorizzata, iniziò a leccarsi le ferite. Si sentiva devastata in una casa altrettanto devastata. Eppure era ancora una volta innocente! Sul pavimento erano disseminate tantissime perle. Nel vederle, ricordò il monito evangelico che recitava così: "Non gettare le perle ai porci!". Lei, invece, aveva dato in pasto intere gioiellerie a sua sorella e al suo seguito.

Aveva trascorso gli ultimi anni della sua vita nella totale abnegazione. Era diventata camaleontica, pur di adeguarsi al modello che il mondo di Finzia richiedeva.

Si era trasformata in uno zerbino facilmente calpestabile, pur di compiacere. Era stata il peggiore giudice di se stessa, si era condannata e sgretolata per far posto agli altri, ma non era riuscita ad annullare la sua identità.

Un attimo prima dell'autodistruzione il suo "io" si era ribellato ed era riuscito a imporsi. Nel volersi distaccare dal regno di Finzia e dal suo entourage le era stata negata la libertà. Ma lei l'avrebbe riconquistata! Non avrebbe più combattuto lo sterile materialismo, le strategie di sopravvivenza altrui, non si sarebbe più cimentata a insegnare tutto l'alfabeto a chi, invece, voleva restare sotto la protezione di una edonistica ignoranza.

Avrebbe, però, cercato di guarire la "stregalità" della sorella, offrendole il balsamico conforto del proprio affetto da lei insolitamente richiesto attraverso il paradossale linguaggio dell'attacco e dell'aggressività. La stregalità di Finzia era anche finalizzata a difendere il " modus vivendi " dei frequentatori del tempio di Edon.

## IL TEMPIO DI EDON

Matteo è appena ripartito. Sono quasi le sei del mattino.

Mi ha lasciato in compagnia delle sue positività. Lo aspettano dieci giorni di duro sacrificio lavorativo. Mi ha raccomandato di fare tante cose ed è quello che farò. Anche Piero è partito ieri mattina. È rientrato a Siena per i suoi studi e tornerà nella stessa data di Matteo. In casa, nella nostra casa,siamo rimaste io e Lavinia.

Culleremo insieme le nostre solitudini! La fattualità non è il mio ideale, ma devo votarmi a essa per farmi amico il tempo, in questo periodo. Sarò impegnata anche

scolasticamente, ma l'andare a scuola a insegnare davvero non mi attrae. Mi sto accingendo a correggere dei compiti e questo non mi dispiace in quanto è fattibile

nella più completa solitudine. È il contatto con gli alunni che mi pesa, perché la loro demotivazione è diventata anche mia. Non ho più voglia di trasmettere dei contenuti in quanto me ne sento vuota. Col vuoto sono spesso costretta a confrontarmi.

Proprio ieri sera, infatti, ho dovuto rivisitare il Tempio di Edon, infarcito di una pienezza che nasconde un terribile vuoto. Tale tempio si erge, come una palafitta, su di un acquitrino nei pressi di un laghetto o, meglio, di un putrido stagno in cui starnazzano delle oche lì poste dal costruttore del tempio. Costui ha da poco acquistato un titolo di studio del quale si vanaglora e, per darne pubblico annuncio, ha posto una pietra miliare nel giardino di casa e su di essa ha fatto incidere la sua età, usando, per smania di finezza, il numero ordinale inglese: *50th*, affiancato dalla abbreviazione di detto titolo. Ha, intanto, collocato nel dimenticatoio le sue origini di venditore di stracci e donnaiolo, assumendo le sembianze di un rispettabile ingegnere borghese, la cui casa è frequentata dai benestanti del posto ai quali offre lauti banchetti, i cui avanzi ingrassano le oche dello stagno.

È riuscito, persino, a entrare nelle grazie degli opulenti politici del paese che gli hanno consentito di commettere degli abusi edilizi relativi proprio alla voluta "gigantosità" della sua dimora. Quest'ultima, a tal fine preposta dalla mente del mercante-progettista-costruttore-imprenditore-self-made-man è divenuta il tempio dell'edonismo e, volendone ribattezzare il proprietario, mai nome si sarebbe rivelato più appropriato di "Edon".

Il vero nome che la sua vigorosa madre gli aveva dato alla nascita era "Giovanni", in sintonia con la tradizione di dover onorare il nome del nonno paterno.

Quest'ultimo era muratore e insieme a suo figlio, ossia al padre di Giovanni, anch'egli muratore, aveva fatto di suo nipote una "testa di cemento". Giovanni si era iscritto all'Istituto tecnico per geometri della città vicina al minuscolo paese che gli aveva dato i natali e, sin da quel momento, aveva sognato di ricoprire di cemento ogni lembo di terra che fosse capitato sotto i suoi occhi. Non si era rivelato un grande studioso, ma era riuscito ad acquisire i contenuti e le competenze essenziali per cimentarsi e cementarsi nel settore edilizio. Nel corso dei viaggi quotidiani dal paesello alla città era, invece, divenuto un bravo "Don Giovanni" e questo titolo sarebbe rimasto prioritario fino al momento delle nozze. Avendo rinunciato a iscriversi all'università per mancanza di inclinazione allo studio, si era aggregato ad altri mercanti del suo paese e aveva iniziato a vendere stracci. Il commercio era il suo forte:

riusciva a confondere gli acquirenti circa la qualità del prodotto e a portare a casa lauti guadagni. Questi ultimi gli consentirono poi di aprire un negozietto in un'area geografica più evoluta rispetto alla sua. I capi di abbigliamento in vendita nel moderno e sfavillante "shop" erano indirizzati a una fascia di età tra i quindici e i vent'anni. Essi colpirono anche una sprovveduta liceale del posto proveniente da una famiglia borghese.

Ella fu attratta dagli abiti, dall'esile figura baffuta di Giovanni e dal suo sorriso accattivante. Nel giro di poco tempo "don Giovanni" attirò nella sua rete la starnazzante adolescente Finzia e ne divenne il fidanzato.

Edoardo, il rigido padre della ragazza, vide subito di malocchio quel baffuto commerciante "capellone" e fece di tutto per impedire a sua figlia di frequentarlo. Giovanni non piaceva neppure a Vera, la sorella di Finzia, alla quale era risultato antipatico sin dal primo giorno. Quella strana figura di venditore davvero non la ispirava e consigliò vivamente a sua sorella di starne alla larga. Finzia, però, portava in sé i segni di una infanzia difficile di cui aveva conservato il gusto di contrastare gli ordini, per cui a nulla valsero le raccomandazioni dei suoi congiunti. La storia si concluse con il matrimonio tra i due. Giovanni continuò imperterrito a costruire torri, palazzi, castelli e case tra cui volle, appunto, che troneggiasse la sua, affinché tutti potessero vederla e lodarla, nonché considerarla il tempio dei sogni e dei desideri. Col passare del tempo Edon, cui era stato intitolato il tempio, essendosi macchiato di alcuni eccessi, si mise un po' da parte in una nicchia. Fu, invece, posta su di un piedistallo la dea Secchezza, ossia sua moglie Finzia.

Il culto di detta dea imponeva e continua a imporre delle regole rigide: perfezionismo, astinenza dal cibo, dedizione al fumo, progettazione di vacanze, scelte monocromatiche, autocompiacimento e assenza di riflessione.

A idolatrarla ci sono coloro che sono rapiti dal fascino dell'illusione di una pienezza esistenziale rappresentata dalle cose. E quante cose sono ammucchiate

in quel tempio! Per camminarvi c'è quasi bisogno di contorcersi per evitare di urtare contro mobili e oggetti. Vi troneggia un albero natalizio adornato con delle maschere carnevalesche, precedentemente appese alle pareti, e vi fanno da contorno grossi e buffi angeli di terracotta, in netto contrasto con quelle grottesche maschere. I fedeli, o per così dire le fedeli, visto che si tratta prevalentemente di donne, si aggirano in quel tempio, pronosticando vacanze al mare o sulla neve, a seconda delle stagioni e cercando di reclutare il maggior numero di persone, anche coloro che sono solo di passaggio in quel luogo. Le luci sono accese in tutte le navate del tempio per far sì che nulla possa sfuggire al visitatore, neppure quell'orrido dipinto raffigurante un uomo dal volto satollo e rubicondo che ammicca, come a dire: "Godete la vostra vita terrena e tralasciate la scarna spiritualità, ma se siete donne, non lasciatevi sedurre dal cibo, come me, ma seguite l'esempio della dea Secchezza".

La statua di quest'ultima indossa un abito di un blu molto scuro, quasi tendente al grigio e ha delle scarpe anch'esse grigie, ma lucide, e dalle orecchie scendono dei lunghi orecchini color argento che fanno "pendant" con le borchie presenti nel fascione dell'abito. I capelli sono di un nero corvino e sul naso appoggiano degli occhiali, o meglio degli strani cristalli, finalizzati a ingigantire le dimensioni delle cose. Ah, le cose! Adorabili cose di cui si possono infarcire dimore e cervelli!

In questi ultimi è bene che non si annidi il benché minimo e fastidioso pensiero volto ad analizzare la profondità della coscienza. Quest'ultima va assolutamente annullata in quanto è il motore della sofferenza!

Quanto mai utili a distogliere la coscienza dalla realtà sono le feste che in quel tempio vengono celebrate a oltranza, utilizzandone tutte le navate e anche la zona antistante e circostante.

L'ultima, in ordine di tempo, ma la più sfolgorante è stata celebrata d'estate e ne rimane il ricordo: quella bianca torta a più ripiani, costruita con candido polistirolo,

troneggiava sotto il porticato sorretto da due imponenti colonne. Dietro di essa c'era un ragazzo in abito scuro. Anche la sua camicia era di un bianco candido,

reso fosforescente dalle luci che illuminavano la scena. Tutti gli sguardi erano puntati su di lui e, dopo aver spento le candeline, venne obbligato a fare un discorso di circostanza. I suoi amici meno ricchi lo guardavano con invidia perché cotanta ostentazione non può che turbare delle giovani menti. I "figli di papà" come lui "consideravano la scena come rientrante in quella tanto discutibile normalità". Tutto era stato architettato dalla venerata madre del rampollo, la dea Secchezza, alla quale – per l'occasione – le sue fedeli avevano brillantinato il volto ed era da esse adulata con sguardi trasognati. Anche le oche presenti nello stagno, per non passare inosservate, iniziarono a volteggiare in modo armonioso, come tante ballerine in candidi tutù piumati. Gli invitati erano seduti intorno a dei tavoli rotondi, della stessa forma dello stagno e i posti erano stati assegnati sulla base della provenienza sociale. Ai margini si trovavano, pertanto, i parenti di Edon e i suoi stessi genitori. Lungo il viale di accesso al tempio era dislocato un lungo tavolo sovrastato da enormi candelabri, fiori e quant'altro. Di commestibile vi era ben poco poiché la finezza inorridisce di fronte all'abbondanza. Nel prato erano stati simmetricamente disposti dei bianchi divani e solo l'erba sottostante sembrava essere stata recalcitrante alle regole, poiché risultava molto diradata. Le persone si aggiravano, stordite dai fumi dell'alcool, e si cimentavano nel sentirsi "star" per una volta. Persino la maestrina dall'aria monacale colse l'occasione per gracchiare al microfono. I vicini provavano, intanto, a verificare di quanto si fosse ingrossato il loro fegato per essere stati costretti ad assistere a un simile spettacolo e a udire cotanto schiamazzo. Speravano che giungesse presto la mezzanotte che avrebbe posto fine al festino, ripristinando il vuoto e il buio che occhio acuto già intravvedeva dietro il così tanto decorato sipario. C'era anche un'immagine sacra di un angelo riposto in una grotta di tufo e al quale era stata destinata una fioca luce affinché quella sera rimanesse nell'ombra senza azzardarsi a indurre quelle persone a ritrovare la retta via della verità, della semplicità e della saggezza. La morte, poi, terrorizzava quella gente e soprattutto la testa di cemento di Giovanni Edon che più edificava, più ricostruiva castelli e più aveva voglia di rinchiudersi

per rendersi irreperibile a sorella, o no che dico? A nemica morte! Intanto lui la sua pietra miliare l'aveva posta nel giardino!

I frequentatori del tempio di Edon erano soliti organizzare dei pellegrinaggi in mete di altissimo livello edonistico, direttamente proporzionale al dispendio economico. Il gruppo si era allargato tanto da occupare un intero pullman e i viaggiatori venivano reclutati da una signora dal volto angelico che, in qualità di tour operator, riusciva a far viaggiare gratis tutta la sua famiglia.

Ormai le vacanze erano permanenti: avevano luogo in tutte le stagioni e il loro era diventato un villaggio itinerante.

Ogni tanto, all'emergere di qualche sopito senso di colpa, le signore parlavano, magari, della necessità di fare beneficenza, a breve. In che modo? Magari regalando inutili abiti smessi e fronzoli agli operai alle proprie dipendenze che, non sapendo che farsene perché non corrispondenti a taglie ed esigenze delle loro famiglie, li avrebbero svenduti a venditori di stracci del vicino mercato, a coloro che zia Dea nel suo splendido dialetto chiamava "zinzulari".

Tra gli altri loro pensieri c'era quello di telefonare alla moglie dell'amico arrestato, poverino, per le tante tangenti pagategli dagli imprenditori per i propri soprusi edilizi. Che vita dura la loro e soprattutto quella del *parvenu* Giovanni-Edon che si dava da fare per essere il Robin Hood del ventunesimo secolo, colui che ruba ai ricchi, non per aiutare i poveri, ma per arricchire se stesso e scavalcarli. Si era trasformato in una vera scimmia metropolitana: un arrampicatore sociale che volgeva lo sguardo solo verso i titolati e i benestanti e studiava tutte le strategie per essere uno di loro. Era divenuto anche una macchina per fare soldi e per elargire capi firmati e tutti i comfort a sua moglie Finzia, la dea Secchezza e ai suoi figli. Questo per lui era lo stratagemma per rinnegare le sue origini e i suoi sogni di quando era ragazzo e viveva con la sua umile famiglia, in riva a un fiumiciattolo.

Peccato che né lui e né i suoi simili riuscivano ad avvertire l'inconsistenza della loro vita fatta di stracci di classe, feste, vacanze, danze, frizzi e lazzi!

Più si manifestava nella loro mente la paura della morte, più incrementavano il livello di divertimento.

E che dire poi dei discorsi di encomio fatti durante le feste? Nel corso di una di queste, una "gruppante" inforcò gli occhiali da presbite e si accinse a leggere un discorso di lode al festeggiato di turno, definendolo "marito ideale" e lanciando, contemporaneamente, strali contro il suo.

E quante foto tese a immortalare quei momenti di ubriachezza edonistica e di auto e reciproca celebrazione!

Il gruppo capitanato da Edon, per i suoi festini, sceglieva, a volte, delle discoteche per scatenarsi in balli diabolici finalizzati all'oblio che si concludevano con esibizione, a turno, su dei tavoli, divenuti insoliti palcoscenici.

Tra tutti loro diveniva dominante la figura di una donna, affetta dalla sindrome dello "shopping compulsivo", che vedeva questi raduni come il fine e la giustificazione dei suoi acquisti smodati. Edon suonava un tamburello e incitava tutti a ballare. In due angoli del locale rimanevano sempre due psicanalisti, le cui mogli si erano inserite nel gruppo, i quali osservavano e interpretavano la scena, ciascuno a suo modo.

# IL MOBILE DANZANTE

C'è chi si sforza a creare e chi, invece, sfoggia creatività nel copiare. Un fregio, un intarsio, un tessuto prezioso possono solo mascherare a se stessi quel tanto bastonato, ma sempre emergente, senso di malessere derivante dal non sentirsi parte integrante del corredo genetico di quelle creature da altri partorite. Quanti sforzi per estirpare a questi oggetti le loro radici e per cercare, invano, di cancellare dalla memoria il nome del procreatore! Questo nome danzava spesso nella mente del riproduttore Giovanni-Edon che, lanciandosi nell'orgia del ballo, e di tutti gli altri divertimenti di cui si faceva promotore all'interno del gruppo, cercava di esorcizzare quel pesante senso di colpa. Tale nome aveva forse qualcosa in comune con la danza? Sembra di sì! La persona cui era stata carpita l'idea di quel tipo di mobili riprodotti da Edon era, appunto, un cero Ballanti. In realtà, il *self-made-man* aveva ben pensato non solo di costruire case, ma di arredarle pure. Avendo trovato la fonte alla quale attingere, edificò anche una fabbrica di mobili e iniziò così a produrli, copiando pedissequamente quelli del signor Ballanti. Iniziò poi a vendere complementi d'arredo al fine di imporre una tipologia di casa che fosse l'espressione del suo essere in tutti i suoi angoli. Divenne, persino, imprenditore dei sentimenti dando ruoli commerciali ai suoi familiari e cercò di affermarsi sul mercato attraverso esposizioni del suo mobile danzante. Ovviamente, curava più l'apparenza che non la robustezza, al fine di attrarre sprovveduti sposini attraverso la magica atmosfera di camere inserite nelle mura di un finto castello presidiato da altrettanto finte armature, scudi e stendardi. Tutto ciò che appartiene al mondo immaginario di Giovanni e alla sua megalomania frustrata (a causa delle sue umili origini) era dipinto su quelle finte pareti merlate. Una volta tale palcoscenico venne

allestito in ambito partenopeo e lo scenario destò l'ammirazione di coloro che si sentivano parte di una decadente nobiltà o di quelli che, per un attimo, volevano

vivere l'illusione di essere aristocratici rampolli di benestanti famiglie.

I partenopei veraci, invece, sfogando il loro radicato senso della superstizione, vedevano come simbolo di malaugurio un troneggiante letto a baldacchino che con i suoi veli richiamava loro immagini di morte. Ancor più terrificante risultava la presenza, ai piedi del letto, di una cassapanca da essi definita: "O taut" e le loro battute si susseguivano al fine di fugare quel senso di paura. Quest'ultimo riemergeva, però, attraverso i ritratti di due volti: uno maschile e uno femminile, dipinti sulle ante di un armadio, come risultato di una paziente copia di due quadri d'autore. L'umorismo partenopeo vi intravvedeva la fulgente immagine di due scheletri sepolti nell'armadio.

E nella città gaudente quell'esposizione divenne teatro di personaggi molteplici tendenti a dissacrare la voluta preziosità di quegli oggetti cui corrispondevano cifre talmente elevate da tenere a debita distanza le tasche e le case del volgo.

"Anche" Vera si ritrovò un giorno a dover visitare quel sacrario, per pagare il tributo della sua schiavitù familiare. Da tempo, ormai, provava una tale avversione

per quei pezzi di legno, perché il loro successo sul mercato rimpinguava le casse di un egocentrico edonista, dandogli conferma delle sue già consolidate certezze circa un modus vivendi da lei completamente biasimato. Provò una profonda pena per quella sciaguratissima.

Finzia che si aggirava tra le mura merlate di quella fortezza senza capire che la sua presenza era, lì, del tutto inutile.

Vera assunse lo stesso atteggiamento di un Pulcinella dipinto su di un quadro e sovrastante il lavabo di una cucina: stava appoggiato sul davanzale di una finestra e osservava tutto. Anche lei provò a scegliersi una prospettiva e rimase a lungo a guardare. Iniziò così il suo flusso di coscienza e si sentì così simile a Molly Bloom dell'*Ulisse* di Joyce con i suoi pensieri sconnessi. Anche lei, Penelope di *nowadays* (oggigiorno), in attesa del ritorno del suo Matteo-Ulisse si ritrovava a vivere strane situazioni come quella attuale che l'aveva portata a stretto contatto con un aberrante mondo fiabesco, sperduta Cenerentola in un castello virtuale.

# CASTELLI E CAVALIERI

Giovanni-Edon aveva, intanto, iniziato a ricostruire un castello vero. Era stato in conflitto con la cittadinanza del posto che non avrebbe voluto cedergli quello che era considerato un bene pubblico, ma lui era riuscito a spuntarla. Aveva conosciuto un abile ingegnere della nuova Tangentopoli e questi lo aveva non solo aiutato a sottrarre quel rudere agli abitanti del luogo, ma gli aveva anche fatto ottenere un finanziamento di milioni di euro per la sua ricostruzione.

Edon, soddisfatto, iniziò a vantarsi con tutti del suo castello e si concentrò sulla ricostruzione. Nella sua mente lo vedeva già come un feudo autosufficiente finalizzato solo a feste di ogni genere da cui ricevere immani guadagni. Fece ritoccare anche tutti i dipinti da improvvisati decoratori che, esagerando nell'uso di pennelli e colori, resero le preesistenti figure quanto mai carnevalesche.

Le immagini femminili avevano delle bocche procaci e dei seni ingiganti, tanto da sembrare delle meretrici.

Ordinò poi infiniti metri di seta per costruire letti a baldacchino nelle stanze da lui riedificate e nelle quali il suo passato di don Giovanni gli faceva immaginare amplessi di grande successo. E che dire poi della storia di quel castello? Edon era solito spiegare la nobile ragione per cui era stato edificato: un noto conte, non potendo più nascondere la sua relazione con la sua concubina preferita, aveva ordinato che fosse, appunto, costruita una fortezza, in un luogo sperduto, lontano

dalla città, per vivere, in tutta tranquillità, quella "innocente" storia d'amore. Il racconto illuminava il volto di Giovanni-Edon, che si identificava in quel conte, reputandolo un grande uomo. Si riduceva a questo la storia di quel rudere? E allora era davvero una squallida storia! Il nuovo proprietario amava narrarla ai visitatori sugli spalti del castello che, magari, nelle menti colte, facevano riecheggiare i versi del dilemma amletico.

Quel cervello non era, purtroppo, stato ingigantito dallo studio, ma in esso era rimasto lo strascico di ben altre "esse", soldi e sesso, cui era dedicato lo scenario che stava allestendo. La tenacia nel perseguire i suddetti obiettivi era stata notata e premiata da una "gruppante" con un quadro rappresentante un "cavaliere" armato di spada. Che confusione nelle teste di quel clan di conoscenti che avevano l'ardire di dichiararsi amici!

Vera, il cui marito era un vero cavaliere, spinto nel suo fare da nobili ideali, inorridiva di fronte a tutto ciò. Le veniva da pensare ai trabocchetti esistenti nei castelli medievali. Chissà se anche quello ne nascondesse qualcuno? Sarebbe stato utile per inabissare tutta quella inutile gente. Per abbattere, invece, quel rudere ci sarebbe stato bisogno di fulmini e saette.

Un giorno un fulmine si abbatté davvero su di una torre del castello e la demolì, destando la preoccupa zione di Giovanni-Edon, che si diede da fare per ricostruirla

al più presto poiché avvertiva un gran male al cuore nel vedere la sua creatura monca.

A nulla valsero, quindi, neanche le calamità naturali per distruggere materialmente quell'ammasso di pietre!

Una volta ricostruita la torre, Edon decise di far consacrare la cappella del suo castello, anche al fine di scongiurare il malocchio che, secondo lui, era stato indirizzato contro quella mura.

Per l'occasione sua moglie Finzia indossò una delle sue collane predilette: quella formata da centinaia di corni di corallo rosso, intrecciati tra loro in un abbraccio circolare.

Indottrinata da superstiziose amiche partenopee, in quella circostanza fece tintinnare svariate volte i corni, al fine di intimidire i poteri malefici degli invidiosi e mise in bella mostra la sua collana, persino in chiesa.

E in un dì particolare, quello del quinto anniversario della morte di suo padre, Vera fu costretta ad ascoltare la messa in suffragio dell'anima del fu cotanto uomo, nella sfarzosa cappella di quel maniero. Sapeva, in cuor suo, che quello sarebbe stato l'ultimo, o almeno il penultimo, tributo pagato a quelle mura e al loro ricostruttore.

Costui fu ampiamente lodato dai due preti concelebranti. Di suo padre, Vera udì solo il nome nel corso della celebrazione, mentre di suo cognato Giovanni udì l'associazione che venne fatta, addirittura, tra lui e l'omonimo santo. Quei due uomini, che indossavano dei paramenti di seta sull'abito talare, intonati al contesto, mostrarono di essere parte dello stuolo di servitù ossia dei mercenari pagati per esaltare i beni materiali e il loro procreatore/procacciatore. Dov'era finito il loro credo apostolico?

Il prete dagli occhiali scuri identificò il castello come luogo di accoglienza e protezione, le cui porte si chiudono per lasciare fuori i nemici. L'altro, accomunato al primo dallo stesso oscurantismo religioso, annuiva e sorrideva, compiaciuto di essere tra le persone ospitate in quelle mura e non lasciate fuori. Negli occhi di entrambi brillavano i guadagni prospettati per la celebrazione dei matrimoni in quella sede, in base a un lauto onorario che si aggirava intorno ai quattrocento euro, e che era impresso su di un foglio stampato, nascosto nel breviario, da presentare, con aria candida, ai felici sposini, che, offuscati dalla gioiosità, non avrebbero battuto ciglio di fronte a cotanta cifra.

Che grande e inopinabile spiritualità si nascondeva sotto quelle tonache così grate di esaltare il promotore dei loro guadagni! Costui concluse, poi, il rito con un'autocelebrazione pronunciata nella cappella, mentre i suoi devoti sacerdoti, muniti, ciascuno, di un prezioso incensiere, lo avvolsero in una nube di profumato incenso.

Il tutto terminò con un applauso da parte dei blasonati convitati.

Ovviamente, di quelle persone gratificato fu il palato con una prelibata cena e lo spirito ne fu rallegrato da musica, canti e danze che felicemente coinvolsero quel *fixed number of people*, ossia quel gruppo già avvezzo ai festeggiamenti nel tempio di Edon.

E ancora una volta Vera aveva dovuto assistere a cotanto spettacolo con il fegato roso e lo spirito in trappola!

# IL PESCE GRASSO

La notte successiva alla consacrazione cui Vera aveva dovuto partecipare, per ottemperare ai suoi obblighi familiari, le capitò di sognare un enorme pesce rosso che guizzava in acqua torbide, da lei attraversate con la macchina del suo papà, guidata da suo marito Matteo. Quest'ultimo le era apparso quanto mai eroico nello sfidare quelle profonde e scure acque, nel tentativo di investire il grasso pesce rosso. Il sogno rimase ben impresso nella mente di Vera, al suo risveglio, e le riuscì facile interpretarlo. Identificò immediatamente il pesce con suo cognato Giovanni e la pinguedine con la ricchezza incamerata da costui, mentre nelle acque torbide lesse le difficoltà che stava vivendo con suo marito Matteo. La macchina del papà rappresentava l'aiuto che questi stava loro fornendo nel portare a termine la missione della ricostruzione della casa e della famiglia di origine di Vera. Il rosso pesce Giovanni, pur avendo a sua disposizione tutti i mezzi e gli strumenti necessari, si era, invece, palesemente rifiutato di aiutarli, ma aveva scelto altre tavole imbandite per rimpinzarsi.

Anche nel suo castello sarebbero state imbandite tavole per organizzare eventi dai quali ottenere lauti guadagni. Alla povera Finzia aveva dato il compito di scegliere porcellane, posaterie, cristallerie e tovaglie, dandole l'illusione di avere un ruolo laddove, invece, il padrone indiscusso era lui. Quanto Vera era stata impressionata da quel viscido pesce! Un altro sogno ricorrente nelle sue notti era quello di utilizzare dei lunghissimi guanti monouso che le riportavano alla memoria quelli che il suo papà veterinario usava per esplorare l'apparato genitale delle mucche. La funzione onirica di quei guanti era quella di pulire dei water. Vera aveva così interpretato quella tipologia di sogno: indossava dei guanti, come forma di prevenzione per rimanere incontaminata quando sturava la cloaca, ossia la psiche di sua madre che, nella sua espressione orale, era davvero paragonabile al debordare di una fogna. Siccome le toccava spesso sturarla, il disturbante ricordo di quel "traboccare" le affiorava anche durante il sonno. Vera, sin da bambina, aveva preferito sua nonna Rosa alla di lei figlia Amelia, ossia a sua madre che meglio sarebbe stata, secondo lei, nelle vesti di Madre Clarissa.

Figlia unica di due genitori meravigliosi, Amelia era stata allevata nella bambagia e le era stato, persino, concesso il lusso di studiare, benché i suoi cari fossero degli umili contadini che avevano investito tutte le loro energie e parte delle loro risorse economiche per sostenerla negli studi. Aveva anche trascorso degli anni in collegio ed era avvezza alla vita di convento alla quale si sarebbe volentieri convertita se solo avesse capito che quel tipo di vita le avrebbe comportato, sicuramente, meno problemi di quella matrimoniale. Sembrava quasi di vederla dirigere un convento con il nome di "Madre Clarissa", servita e riverita da uno stuolo di suore dominate dal suo scettro. Si era, invece, dovuta accontentare di sposare l'uomo consigliatole da suo padre. Il caro papà l'aveva così anche risollevata dal problema di cercarsi un marito, facendole accettare il corteggiamento di quel neo-laureato, promettente professionista che, oltretutto, sarebbe andato a vivere con loro, in campagna, sotto lo stesso tetto. Amelia non portò a termine gli studi, ma addossò a suo marito la colpa del mancato conseguimento della laurea. Costui l'avrebbe distolta, a suo parere, dagli studi per rinchiuderla tra le pareti domestiche, attribuendole i normali ruoli di madre, moglie e casalinga che lei non amava assolutamente.

Lo scontento per la sua mancata realizzazione era dipinto sul suo volto e giammai cercava di rallegrare le sue due figlie. In questo, bisogna dire che aveva, verso le due, un comportamento equo: non distribuiva sorrisi ed evidenziava, intanto ai loro occhi, tutte le negatività dell'esistenza umana. Mamma Amelia-Clarissa perseverò in questo suo atteggiamento, nonostante il passare degli anni. Nella dimora di origine in cui era nata e in cui aveva continuato a vivere dopo il matrimonio allestì una cameretta piuttosto accettabile in cui costrinse Vera e Finzia a dormire insieme e, sin da quel momento, ne pretese la simbiosi, pur sottolineandone le differenze caratteriali. Finzia, mostrandosi gaia ed esuberante e, senza ma porsi il problema di analizzare il senso delle cose, guadagnò l'appellativo materno di "nuvola bianca". A Vera, invece riservata e introversa, fu riservato l'appellativo opposto di "nuvola nera". La canzoncina che mamma Amelia canticchiava spesso, suonava più o meno così: "La nuvola bianca e la nuvola nera non erano fatte alla stessa maniera: se l'una rideva quell'altra piangeva e se quel piangeva…aaa ricadeva l'irritato strascico della voce materna che sottolineava il fastidio per quel pianto, per quelle insoddisfazioni che lei non sarebbe mai stata in grado di capire perché rappresentavano un problema e lei i problemi non li sapeva, né li voleva risolvere. Il suo atteggiamento era protettivo nei confronti di Finzia e spesso ostile verso l'altra figlia che, troppo fastidiosamente, si arrogava il ruolo di depositaria della verità. Nel corso di un litigio con sua madre, la primogenita Vera affibbiò alla mamma una definizione che lei non avrebbe mai più cancellato dalla propria mente: "madre ignobile". Questo appellativo iniziò a rappresentare, sin da quel momento, l'affilato pugnale che mamma Clarissa sfoderava per colpire sua figlia, al fine di scatenare in lei il senso di colpa per averlo usato. Un giorno, l'arma fu fatta vibrare al suono di queste parole (in una sorta di delirio che affondava le radici nella cultura classica di quella madre così tristemente definita): "Quando morirò, non verranno usate per me parole altisonanti, ma basterà un unico aggettivo per ricordarmi: ignobile". Ella faceva riferimento alle preci che Vera aveva scritto in seguito alla morte dei suoi nonni materni, dei membri della famiglia di Matteo e di alcune care zie. Esse erano scaturite dal cuore di Vera, dopo un'attenta riflessione sull'intimo essere di ciascuna delle persone scomparse. Alcune di esse recitavano così: "Dalla tomba in cui mi hanno deposto i miei cari, continuerò a raccontare la mia breve e semplice storia. Ho sempre considerato lieto il giorno della vita, anche nei momenti di atroce sofferenza finisca. Un destino oscuro, incarnato in un male noto ha voluto, però, sottrarmi il godimento della gioie domestiche concedendomi, in cambio, di addormentarmi nel lungo sonno della pace (madre di Matteo). Donna leggiadra e arguta, te ne sei andata dopo aver percorso il lungo sentiero di una vita spesa bene (nonna Betta).

Dinamica figura femminile, dinamitarda nella rabbia e pronta a distruggere l'universo, impegnata nel notturno e solitario deambulare e intenta a coltivare e a estirpare i cosiddetti 'rododendri', nemica di rattoppi e scuciture, ma raffinata sarta di abiti eleganti, non sei mai riuscita a tessere l'elogio dell'imperfezione.

Aleggia ora nel tuo volto l'aureo riflesso di chi ha capito il mondo (zia Dea)".

Nonostante Vera non condividesse in pieno sua madre, apprezzando che costei riuscisse a elargire affetto ai propri nipoti, ossia ai suoi figli, quell'affetto che non era mai stata capace di manifestare a lei, iniziò a studiare la strategia per renderla felice.

Un giorno, riflettendo sul passato della mamma, le tornò in mente la di lei sofferenza per non aver conseguito la laurea e si adoperò affinché quel cerchio potesse chiudersi.

Rivolse un appello accorato a un ateneo cattolico attraverso le seguenti parole:

La signora Amelia Gambetti, nata in un piccolo centro del Sud, figlia unica di contadini, ha seguito gli studi classici, sin da ragazza. All'epoca ha frequentato il liceo ginnasio, risiedendo presso un Collegio gestito da suore. Attraverso i suoi racconti emergono i sacrifici dei genitori per mantenerla agli studi, nonché la sua profonda passione per la lingua latina. Tutt'oggi, all'età di ottantaquattro anni, mostra abilità nel tradurre testi e ricorda con esattezza le declinazioni, nonché i paradigmi verbali. Dopo aver conseguito a pieni voti il diploma, ossia la allora comunemente definita 'maturità classica', si iscrisse alla facoltà di Lettere classiche presso l'università Federico II in Napoli e lì iniziò a sostenere vari esami. Viaggiava in treno per raggiungere Napoli e studiava, per lo più, a casa, mentre, nell'imminenza degli esami, le veniva offerta ospitalità da una zia che risiedeva, appunto, a Napoli. Erano pochi, all'epoca, i coetanei, della sua zona iscritti all'Università e, in particolare modo, pochissime erano le ragazze.

I genitori lavoravano alacremente per sostenere le spese e desideravano che la figlia riuscisse a conseguire la laurea. La madre, donna devota, intelligente e anche

amorevole, pregava e lavorava perché quel sogno si avverasse. Il suo *ora et labora* non ebbe, purtroppo, la giusta ricompensa perché quella laurea non giunse.

La figlia, infatti, si ammalò di una grave depressione alla quale fece seguito l'abbandono degli studi. Grande fu la delusione di quei due genitori speciali che, però, si diedero da fare per curarla. Nella e-mail Vera seguitava a parlare della storia di sua madre, del suo matrimonio, della nascita delle figlie, per poi aggiungere: Il rimpianto per non essersi laureata ha accompagnato questa donna per tutta la vita. Ciò che le ha dato sollievo in tutti questi anni è stato il suo contatto con il latino, attraverso gli studi delle figlie e dei nipoti. Da sei anni non ha più il marito, le figlie sono nel pieno della maturità e persino i nipoti sono cresciuti. Nel tirare le somme della sua vita, ciò che le riaffiora ogni giorno è il senso dell'incompiuto, quella laurea non conseguita, non per incapacità, ma per circostanze avverse.

Una laurea a una donna che ha superato brillantemente l'esame della vita affinché possa riconciliarsi con se stessa e con il mondo e morire, un giorno, senza più rimpianti.

... E quella laurea giunse!

Anche! Invece! Pure!

Vera consentì, quindi, a sua madre la realizzazione di un sogno in virtù dei suoi meriti e non dei suoi demeriti.

Aveva imparato a conoscerla, soprattutto dopo il matrimonio. Le circostanze, ossia il lavoro precario nel paese natio, il continuo deambulare del marito per motivi professionali e l'imminente sopraggiungere del suo nascituro (a undici mesi di distanza dalla nozze) costrinsero Vera a rientrare nella casa materna. La convivenza fu quanto mai difficile! Mamma Amelia innescò il meccanismo del confronto tra le sue due figlie, basato sulle tre parole che Vera avrebbe odiato per sempre: Anche, invece, pure!

Il suo timore era che il mondo della primogenita, il cui marito aveva un lavoro di una oggettiva rispettabilità offuscasse quello di Finzia, il vaso di coccio che aveva vissuto all'ombra della sorella. Quest'ultima era sempre salita sul podio per essere premiata dal suo papà per i suoi successi scolastici e per la sua scelta matrimoniale, Finzia si era persino sottoposta a diete ferree per eguagliare la sorella rispetto alla quale lei, "invece" era grassa.

Amelia desiderava a tutti i costi che venisse presa in considerazione quella finora ignorata creatura. Offrì, quindi, ospitalità a Vera, ma nel timore che costei potesse usurpare il nido di origine alla sorella, visto che le circostanze ve l'avevano ricondotta, tirò fuori le sue strategie. Iniziò a stimolare l'innato senso di equità in suo marito e preannunciò a Vera, con grande soddisfazione, che quella casa sarebbe stata spaccata a metà. Vera, presa dal lavoro, dal dover allevare da sola suo figlio con la sporadica presenza del marito, tenuto lontano, appunto, dal lavoro, non prese in seria considerazione i preavvisi anche se questi, a volte, avevano il sapore di una minaccia. "Anche" Finzia aveva bisogno delle sue radici! "Pure" lei era nata sotto quel tetto! "Invece" ora abitava nella casa costruita dal marito!

Giunse, infine, l'occasione propizia per mettere in atto il piano che "anche" Finzia avrebbe dovuto abitare in quella casa.

La secondogenita chiese ospitalità nella casa paterna in seguito a un problema di salute, una broncopolmonite contratta da suo figlio. Invece di rimanere a casa sua ad accudirlo, preferì portarlo nella casa materna, il che le avrebbe consentito di continuare a lavorare e vi si trasferì con tutta la sua famiglia.

Nel frattempo Matteo era rientrato in zona per un incarico triennale, per cui la famiglia risultava al completo!

L'antico triangolo delle Bermuda rappresentato da Amelia-Vera-Finzia si era ripristinato e, nonostante gli sforzi iniziali, lo stare gomito a gomito determinò l'insorgere di sopite conflittualità che, purtroppo, questa volta, avrebbero coinvolto non più tre persone, ma ben tre nuclei familiari.

A tre anni di distanza dalle reciproche accuse verbali tra lei e la sorella, arbitrate dalla ovviamente parziale Amelia, Vera si ritrovò a leggere delle righe che aveva buttato giù in quello orribile periodo della sua vita:

Entrano in questa casa e poi ne escono, come manichini vestiti di tutto punto, con il loro essere disperso sotto gli stracci griffati e messi in mostra come a dire "L'abito fa il monaco!". L'esteriorità è la loro dimensione.

Tra le pareti di questa dimora sono stata ferita moralmente e le ingiurie continuano a risuonare nelle mie orecchie.

Ma ancor più amaro era il ricordo di quello che Vera avrebbe, per sempre definito: "LO SFRATTO DELLA LUMACA".

Finzia, infatti, un giorno le disse, "Esci da questa casa! Tu qui sei solo appoggiata! Chi te lo ha detto di tornare da Orvieto? Libera queste stanze!". In seguito a quelle atroci parole che fecero affiorare nella mente di Vera l'eloquente immagine dello sfratto della lumaca, la donna rivolse un accurato commiato alla sua casa di origine dal titolo: *Sotto lo sguardo attonito degli avi Casa che sentivo mia, mi sei stata strappata dal cuore sotto lo sguardo attonito degli avi, presenti sulle tue pareti sotto forma di ritratti.*

*Casa che hai accolto i miei primi vagiti e che io ho sempre cercato di migliorare, mi sento da te scacciata come una lumaca dal suo guscio e, pertanto, incapace di sopravvivere. Ho dissodato la terra qui dinanzi con le mie mani e ho cercato di creare in te un'immagine di armonia con i frutti della mia fantasia, con la forza proveniente dal legame stabilitosi tra noi e nutrito dalla necessità della reciproca sopravvivenza. Segno di continuità e di certezza, rifugio dalla estraneità dal mondo, nido nel quale ho spesso trovato il caldo tepore della solitudine, in te continuerà a dimorare la mia anima! Sarai ancora il tempio della mia verginità*

*pre-matrimoniale e del mio amore coniugale verso un uomo meraviglioso che hai avuto l'onore di accogliere. Hai udito le prime parole dei miei bambini e nelle tue stanze risuoneranno per sempre i loro passi e le loro risate, in un rapporto d'amore che ci lega e che oltrepassa l'umano limite di proprietà e di divisione.*

Una nuova-vecchia dimora Spinta da quella spaccatura della casa che si era tramutata in una frattura che avvertiva dentro di sé e che le sembrava inguaribile in quello stesso luogo in cui gliel'avevano provocata, Vera si mise alla ricerca di un'altra casa. A due anni dall'inizio di quella ostinata ricerca di una dimora tra stralci di storia nei paesi limitrofi, si ritrovò davanti a una casa semidiroccata in uno di questi paesi.

Su di essa spiccava un cartello: "VENDESI", con un numero telefonico ben evidenziato. Non esitò a digitare quel numero sul suo cellulare. Le rispose una voce rassicurante che le fornì delle indicazioni sulla persona in possesso delle chiavi. Di lì a pochi minuti, un signore esile e garbato, dagli spessi occhiali neri, giunse e aprì l'uscio. Il destino stava aprendo una porta a Vera in senso reale e figurato. Una scala in pietra, dall'aspetto vissuto e dai numerosi rattoppi la invitava a salire.

Quelle pareti non la schiacciavano, bensì la rassicuravano.

Tra vetri rotti e pavimenti scricchiolanti, Vera ritrovò se stessa. Si proiettò nel passato e si rivide giovane sposa mentre trasformava con caparbietà un vecchio appartamento di una vecchia caserma in un gradevole ambiente degno di essere chiamato "casa". Ricordò poi lo svanire di quella illusione, in quanto costretta a tornare nella dimora rurale dei suoi genitori per motivi di lavoro. Anche lì si innescò il meccanismo della testardaggine nel voler creare armonia.

Con un pancione simile a una mongolfiera diede un volto nuovo a quelle stanze che così poco le erano piaciute, sin da piccola, e le rese degne di accogliere il sorriso del suo nascituro. Gli anni continuarono a passare, suo marito continuava a dover vivere fuori e lei, imperterrita, continuava, intanto, a proiettare sulla casa del passato la sua immagine presente, fino a rendere quegli spazi meritevoli di accogliere anche la sua deliziosa secondogenita. Non si era mai posto il problema

che, in realtà, quello spazio non le sarebbe mai appartenuto completamente, fino a quando sua madre non iniziò a sottrarglielo psicologicamente, parlando della famosa "spartizione", in nome di una tanto sottolineata forma di giustizia. Vide tutto ciò lontano fino alla spaccatura del 2000 quando, dopo ben undici anni di dedizione a quella casa, prese coscienza che quello spazio andava condiviso. Nel momento in cui si aprì quell'uscio, in quell'incantevole paesino, si sentì una donna matura che accetta la realtà e si mette alla ricerca di soluzioni concrete. Vide in quel luogo la fortezza in cui avrebbe potuto coltivare il suo io e i suoi affetti più autentici.

Matteo apprezzò anch'egli quel posto e di lì a poco quella casetta divenne di loro proprietà. Dopo l'acquisto Vera iniziò a proiettare la sua vita futura in quelle stanze, ma purtroppo rimase ancora nella sua casa di origine, prigioniera dei vincoli morali generati dalla malattia di suo padre, benché costui fosse presente nella sua mente come l'anziano corvo.

Vera, un giorno parlò di lui in questi termini con la sua carissima amica Marianne: «Sono stata sempre ossessionata, sin da bambina, da un corvo appollaiato sulla finestra della mia vita. Quel corvo, ormai anziano e affetto da una grave forma di demenza e che fa tuttora avvertire la sua presenza opprimente, è mio padre. Le sue urla, le sue scenate di ora sono molto simili alle urla e alle scenate di allora. Oggi mi sono sentita profondamente offesa dalle sue feroci ingiurie. Ha infierito contro di me, dicendomi che ho usurpato dello spazio a mia sorella in quanto ho disposto alcuni mobili in quella parte di casa riservata a lei, in seguito alla "spartizione equa", già tante altre volte prospettate da "madre Clarissa".

Mi sento ancora tremolante dopo aver udito i suoi rimproveri. So che il suo potrebbe essere stato il canto del cigno, ma non riesco a far predominare in me il senso della ragione per accettare con maggiore indifferenza il suo comportamento aggressivo. In realtà, mi sono sentita di nuovo adolescente, o addirittura bambina, per un attimo, e l'ho rivisto cattivo come lo vedevo allora. Ricordo un triste episodio legato, appunto, alla mia infanzia. Un giorno mio padre, che tra l'altro era all'epoca insegnante elementare, litigò con una sua collega, o meglio con la sua unica collega che insegnava con lui nella scuola rurale che frequentavo anch'io. In seguito al litigio decise drasticamente, nel bel mezzo dell'anno scolastico, di farmi cambiare scuola per sottrarmi alla mia maestra, ossia alla sua collega. Piansi fino a prosciugare tutte le mie lacrime che accompagnarono le mie suppliche a non farlo. Forse il mio angelo custode dovette ascoltare la mia accorata preghiera e, in qualche modo, mi aiutò a distogliere quel testone. Quella sera ricordo che, a cena, mangiai del salame, il mio preferito. Ogni volta che ora mangio quell'ancora esistente tipo di salame, mi si innesca il meccanismo della memoria involontaria, che mi riporta alla mente quell'episodio».

Marianne, quando Vera ebbe concluso il suo racconto, l'abbracciò calorosamente, avendo colto la sua profonda sofferenza. Ciononostante quella testarda decise di rimanere in quella casa per seguire suo padre affetto da Alzheimer. Riuscì a perdonarlo e ad accudirlo amorevolmente nel suo percorso di sgretolamento e rinunciò ad andare via. Si fece carico di quella grande responsabilità e visse quella terribile esperienza, salvaguardando il suo nucleo familiare e sentendosi, allo stesso tempo, parte integrante della sua famiglia di origine. Quando la depressione, che calava oscuramente sul suo babbo, diveniva pesante, lo incitava ad alzarsi, lo conduceva sotto il caldo getto di una doccia, gli radeva il volto e il capo, lo profumava e lo faceva vestire di tutto punto. Il babbo ritornava, così, a sorridere e a vivere e le diceva: "Tu sei brava! Grazie!".

Vera si sentiva travolta tra passato e presente: tra i genitori anziani, la sorella, suo marito Matteo e i figli adolescenti. Era diventata una roccia per sostenere gli altri, un'abile crocerossina pronta a curare le ferite altrui e a piangere sulle sue nel buio di una stanza.

Quella povera lumaca aveva ricomposto alla meglio il suo guscio frantumato e se lo era riposto sul dorso. Il suo padre bambino andava guidato amorevolmente e ogni domenica Vera lo conduceva a messa, laddove il babbo pregava con parole frammentate, come frammentato era, ormai, il suo cervello. Pian piano si sgretolò del tutto e, in seguito a un'ischemia, rimase allettato.

Vera sedeva al suo capezzale e a volte gli cantava la ninna-nanna e lo accarezzava sulla fronte mentre lui, inquieto, si dimenava nel letto. Il suo babbo era stato sì un corvo, ma era anche stato un grande uomo. Benché le avesse provocato il trauma di quella spaccatura del nido, lei aveva avuto il coraggio di rimanergli accanto, perché sentiva di amarlo. Quando, ormai, la sua vita volgeva alla fine, un giorno si rifiutò di mangiare, ma Vera trovò la chiave giusta per fargli aprire la bocca dicendogli: "Compagno Edoardo, apri la bocca!". Lui la aprì, spinto dal richiamo di quella fede politica che aveva sempre animato il suo spirito e fu così che consumò tutto il suo pasto.

Morì subito dopo Natale e Vera aveva posto sul suo comodino un Gesù Bambino adagiato sulla paglia e un angelo dalle candide ali che don Giuseppe, il sacerdote amico del babbo, gli aveva portato in dono per quel Natale. Pregò e parlò continuamente con suo padre durante le ore di agonia, cercando di recuperare tutto il tempo in cui non avevano parlato, nel corso della vita, perché lei lo aveva così tanto temuto. Gli strinse la mano, trasmettendogli la sua energia, invocando quel bellissimo angelo affinché lo aiutasse a spiccare il volo, interrompendo, così, le sue sofferenze fisiche. Quando lui esalò l'ultimo respiro, Vera sentì che il suo papà era ormai libero e, prima di darsi al pianto, si attivò per coprirgli le piaghe e per vestirlo, come se dovesse andare a presiedere, come ai vecchi tempi, un Consiglio comunale: abito blu, cravatta scura, camicia azzurra, scarpe nere e morbide. Com'era bello il suo babbo che avrebbe così dignitosamente varcato la soglia del Paradiso!

## A TIMELESS WOMAN

In un'atmosfera, anch'essa natalizia, avrebbe lasciato questo mondo una cara amica, nonché collega di Vera che ella aveva salutato con le seguenti parole: "Eva, donna eterea e senza tempo, te ne sei andata nel caldo tepore del Natale, lasciandoci il grande dono della tua amicizia e del tuo esempio. Animata da uno spiccato senso del dovere e sempre aperta al sorriso e al dialogo, sei stata un punto di riferimento per tutti noi della nostra scuola. Persona, e non personaggio, dal tuo essere trasparivano la modestia e l'umiltà. Eri brava a curare le ferite altrui, ma le tue sapevi curarle da sola.

Hai affrontato con grande coraggio e serenità le prove della vita e sei stata faro per chi ha avuto la fortuna di incontrarti. Gli ultimi giorni della tua esistenza sono stati segnati dalla sofferenza fisica che hai affrontato con lodevole dignità. Ti abbiamo amata tutti e la tua dipartita lascia in ciascuno di noi, un vuoto incolmabile.

Questo vuoto è una profonda voragine per una persona che vive nella nostra scuola: la tua grande amica Gisa, il tuo Angelo custode, colei che ha sempre mostrato verso di te un tenerissimo atteggiamento protettivo. Il vostro legame così esemplare va la di là del bene e del male e riuscirà a superare persino i confini della morte. Questa splendida simbiosi di due anime belle che ci hanno insegnato il nobile significato dell'amicizia non si scinderà mai. Cara, dolce, meravigliosa Eva, ci congediamo da te, affidandoti al Signore in quella dimensione eterna in cui, al termine del nostro cammino terreno, sicuramente ti ritroveremo!".

Quella morte colpì molto Vera, che si sentì ancora più sola di prima e quel Natale volle allontanarsi, con suo marito e i suoi figli, per recarsi in una località di montagna. Lì riuscì a essere abbastanza tranquilla. Un giorno si recò anche nel cimitero del paese laddove scrisse le sue considerazioni: "In questo posto innevato

sto ritrovando me stessa. Mi sento serena. Persino il cimitero col suo cancello sempre aperto e con le sue tombe ricoperte da una coltre di neve mi ispira serenità

e armonia. Gradirei essere sepolta in un cimitero simile, in una tomba simile, con una croce di ferro come unico ornamento. La gente qui è calma e sorridente ed ha il dono dell'accoglienza che viene particolarmente avvertita nelle tiepide case di legno dal cui focolare esce un candido fumo. L'aria è permeata dal forte odore delle cipolle, proveniente dalle cucine dei ristoranti. Il passato si è come allontanato da me. Domani è la vigilia di Natale e spero che il calore si effonda nel mio cuore, come il profumo del caffè che si sparge nella cucina e inebria l'animo. Vorrei vivere qui, tra gente amabile e pronta a darmi affetto, a rassicurarmi e ad apprezzarmi, senza mai condannarmi".

# QUEI NERI PASTRANI

Quante persone semplici e amabili aveva incontrato Vera nella sua infanzia e nella sua adolescenza! Si trattava dei pastori che d'inverno indossavano neri pastrani

nel rientrare a casa sul calar del sole. Ancora ne udiva il fischio teso a radunare il gregge, indirizzandolo verso l'ovile. Le mogli li attendevano in cucina, intente a preparare la cena i cui profumi si mescolavano a quelli dei salumi appesi e affumicati da nuvole di fumo fuoriuscenti dal camino. Vera era solita aspettare con queste massaie il suo papà, occupato a curare qualche pecora o mucca nella sottostante stalla. Immersa nei suoi pensieri adolescenziali, scorgendo il crepuscolo

dalla finestra, spesso li lasciava migrare, tuffandosi in desideri più concreti, come quello di degustare una buona fetta di formaggio pecorino e infiniti pezzi di salsiccia affumicata, adagiati su di un letto di pane fresco fatto in casa. Questo rito veniva celebrato quando il suo babbo, finito il lavoro, rientrava in cucina. Qui gli porgevano una bacinella di tiepida acqua, un pezzo di candido sapone ricavato dalla sugna e un altrettanto candido asciugamano.

A papà Edoardo era riservato il posto d'onore a tavola e il suo bicchiere era immediatamente riempito con del vino rosso corposo. Le chiacchiere si intrecciavano nel dialetto dei pastori al quale il loro amato veterinario intercalava il suo, per farli sentire a proprio agio e facendo così, scarso uso di parole in italiano. A Vera non riusciva difficile seguire quei discorsi ai quali era abituata. Erano così simili a quelli di nonna Rosa e nonno Umberto quando, di notte, parlavano della semina o del raccolto! Che belle quelle notti trascorse con i nonni, quando i genitori andavano in vacanza per qualche giorno, lasciandola con loro. Ricordava ancora la console di fronte al suo lettino; su di essa erano adagiati: un angelo di gesso dall'abito turchese e dai riccioli d'oro, un Sant'Antonio, le foto dei morti di famiglia, un lume organizzato con olio d'oliva e un lucignolo posti in un grosso e largo bicchiere di vetro con sopra incise delle spighe di grano. Quando l'olio finiva, la luce si spegneva e iniziavano i suoi incubi notturni.

Ripensando a quella rudimentale lanterna, capiva ora il senso della frase: "Finché c'è olio alla lanterna!". Queste parole le venivano spesso in mente in relazione ai festeggiamenti che avevano luogo nel tempio e nel castello di Edon, la cui durata sembrava essere legata a quella della seconda adolescenza vissuta dai festeggianti.

Che tristezza questo mondo che aveva ingoiato sua sorella, distanziandola da lei!

Ne sentiva così tanto la mancanza, ma le riusciva altrettanto difficile accettare le sembianze scimmiesche che aveva assunto per inserirsi in quel mondo. Vera viveva quotidianamente questo dramma dentro di sé e sentiva il bisogno di comunicarlo a tutti per trarne sollievo. A far migrare i suoi pensieri, ormai non bastavano più le tenebre; anzi, nel cuore della notte quei pensieri si ingigantivano e diventavano distruttivi.

Avrebbe tanto voluto eliminare quel mondo di apparenza, in un solo gesto, pur di recuperare l'affetto di sua sorella Finzia che, invece, più lei si defilava dal seguirla e più l'accusava di aver sgretolato la loro famiglia.

Il suo buon cuore la induceva sempre a fare il primo passo lungo la strada della riconciliazione, ma ciò alimentava un triste circuito perché Finzia si convinceva

sempre di più di avere ragione e, sedata la sua follia, la scatenava nuovamente alla minima occasione. L'incubo di quegli attacchi la destabilizzava ed era più forte di quello che provava, da bambina, quando pensava che da dietro alla tenda blu con i tulipani bianchi, fucsia e turchesi posta nella camera di nonna Rosa potesse sbucare, da un momento all'altro, il diavolo.

Coloro che riuscivano spesso a lenire il suo dolore erano sua cugina Giada e la sua carissima amica Marianne.

Anche Giada, però, un giorno andò a leccare il miele dell'esteriorità e Vera, sentendosi profondamente tradita, la allontanò dal suo cuore, almeno temporaneamente.

Capì, inoltre e finalmente, di non avere né una madre, né una sorella corrispondenti agli archetipi impressi nel suo immaginario. Iniziò così ad amare quelle due persone con i loro illimitati limiti e divenne madre e sorella di se stessa.

La sua rabbia cedette il posto al perdono e iniziò a percorrere il sentiero della riscoperta

di sé e dei suoi talenti che meritavano sicuramente di essere spesi.

Depose in fondo a un baule la lente che le consentiva di ingigantire solo il mondo altrui. Lungo fu il suo cammino, in fondo al quale trovò uno specchio attraverso

cui vide la sua immagine reale di una imperatrice poliedrica: generosa, sensibile, condottiera, educatrice, ascoltatrice, tenace, bizzarra, distruttrice e ricostruttrice, madre da Oscar, religiosa e fiduciosa Penelope.

All'improvviso quelle qualità si assemblarono e diedero vita a una fortezza che emerse dal suo io, sconfisse le tenebre dell'invisibilità e si riflesse nello specchio

in tutto il suo splendore. Comparve così ai suoi occhi un meraviglioso castello: "IL CASTELLO DI VERA", regalatole dalla vita in occasione dei suoi cinquant'anni.

*La felicità non sempre dimora*

*nel palazzo dell'equità*

# INDICE

# BIBLIOGRAFIA

Paul Watzlawick – Janet Helmick Beavin – Don Jackson – *Pragmatica della comunicazione umana* – Astrolabio

Sabrina Piroli – *Counselling sistemico* – Uninova

Margaret Hough – *Abilità di counselling* – Erickson

Judith Milner – Patrick O'Byrne – *Il counselling narrativo* – Erickson

Malaguti – *Educarsi alla resilienza* – Erickson

*Rassegna di psicologia e sociologia* –rivista-: Il genogramma nella ricerca e nella pratica clinica)

Jean-Yves Revault – *Guarire con la scrittura* – Edizioni Red